Magische Ambivalenz
Visualität und Identität im transkulturellen Raum

MAGISCHE AMBIVALENZ
VISUALITÄT UND IDENTITÄT IM TRANSKULTURELLEN RAUM

Christian Ritter, Gabriela Muri, Basil Rogger (Hrsg.)

diaphanes

INHALT

EDITORIAL

Jörg Huber

Das Institut für Theorie (ith) richtet seine Forschung im Rahmen einer Theoriearbeit auf Fragen der Ästhetik und der Kulturen des Politischen aus. Dabei geht es einerseits um den Anspruch, eine Theorie der Ästhetik unter dem Aspekt einer Ästhetik der Theorie zu exponieren. Wichtig ist, wie Theorie-Forschung geschieht, welche Verfahren entwickelt und erprobt werden, welche Medien verwendet und welche erkenntnistheoretischen Funktionen ihnen jeweils zugewiesen werden. Erwähnt seien hier beispielhaft die Forschung mit Bildern und die Bedeutung künstlerischer Praxis und ästhetischer Erfahrung innerhalb eines Forschungsprojekts sowie die Erkundung unterschiedlicher Logiken, die durch die verschiedenen Sinneskompetenzen ins Spiel gebracht werden.[1]

Andererseits geht es darum, die Kulturen des Politischen als komplexes Geschehen von Gestaltungsprozessen und damit auch als Problemstellung des Ästhetischen zu verstehen und zu untersuchen. Beispielhaft sei in diesem Zusammenhang auf die Formung und institutionelle Formatierung des gesellschaftlichen Lebens verwiesen, auf die Ausprägung von Arbeitswelten, auf die Subjektivierungsprozesse und Kollektivbildungen, auf die Fragen der Alltagskommunikation, der grossen und kleinen Erzählungen der Massenmedien, der Konstruktion von Sichtbarkeiten und Aufmerksamkeiten und vieles mehr. Es ist evident, dass durch diese Vorgänge Unterschiede, Abhängigkeiten, Gewalt

---

1   Vgl. dazu: ith, (Hrsg.) (2005) und (2006) sowie Elke Bippus, Hrsg. (2009).

und Herrschaft etabliert, aber auch Protest, Ermächtigung, Solidarität und Veränderung durchgesetzt werden können.

Das Forschungsprojekt «Migration Design» positioniert sich auf exemplarische Weise in diesem Forschungskontext.[2] Im Zentrum stehen die Fragen, wie sich Jugendliche mit Migrationshintergrund in der Veränderung der lebensweltlichen Zusammenhänge selbst positionieren; ob und wie sie ihre Herkunft und Traditionen berücksichtigen und aktualisieren; wie sie im neuen sozialen und kulturellen Umfeld einen eigenen Sinn oder Eigensinn entwickeln und wie dieses Umfeld (re)agiert. Es sind dies Fragen, die übergreifende Aspekte der Subjektivierungsprozesse und Zugehörigkeitsbestimmungen (Gruppenbildungen) betreffen, der Selbst-Performanz im urbanen und virtuellen Raum, der Verwendung von Medien (iPhone, Web 2.0, blogging etc.), der Er- und Entmächtigung in der Ausdifferenzierung von Eigenem und Fremdem. Von grundlegender Bedeutung sind damit die Fragen, wie eine (Einwanderungs-)Gesellschaft sich versteht und entwickelt als Prozess der «Interkultur»[3] und wie sie als «Vielheit» die alten Muster der Identitätsbehauptungen und Differenzbildungen mit Bezug auf das Vertraute und das Fremde überwinden kann. Dies ist auch eine Frage der Begrifflichkeiten: Indem die Forschung das empirische Geschehen beobachtet und untersucht, untersucht sie gleichzeitig die Art und Weise, wie dieses Geschehen begriffen wird: Was bedeuten Begriffe wie «Migration», «Integration», «Anpassung», «Toleranz», «Chancengleichheit», «Andersheit» etc., und welche Mentalitäten manifestieren sich in ihrem konkreten Gebrauch?

Die Arbeit des ith versteht sich als angewandte Grundlagenforschung, und auch hier kommt dem Projekt «Migration Design» exemplarische Bedeutung zu. Einerseits werden grundlegende Fragen der Jugendkultur, der Migrationsforschung, der Medientheorie, der Urbanität, der Kultur der Arbeitswelten untersucht. Andererseits richtet sich das Interesse auf die konkreten Bedingungen und Situationen hier und jetzt und damit auf die Anliegen der an dem untersuchten Zusammenhang Beteiligten: die Jugendlichen, Sozialarbeiter, Lehrmeister, Brand-Designer und nicht zuletzt wir alle, die in die Gestaltung

---

2   Das Forschungsprojekt «Migration Design» ist am ith gut verortet und kontextualisiert. Projekte zu Fragen des «brand und branding», des «social storytelling/online video», der «Konstruktion von Swissness» (kollektive Identitäten im transkulturellen Kontext: Beispiel China), der «unmöglichen oder vorläufigen Gemeinschaft» u. a. bilden das entsprechende Umfeld, in dem die Forschenden einen produktiven Austausch betreiben und ihre Arbeit gegenseitig inspirieren können.

3   Vgl. Mark Terkessidis (2010).

der Alltagswelten involviert sind. Diese Art Forschung ist denn auch der Kritik wie der «Dienstleistung» gleichermassen verpflichtet. Entsprechend ist sie in ihrem Interesse an der Vermittlung von Grundlagenarbeit und pragmatischer Ausrichtung auf das Zusammenspiel von sogenannten wissenschaftlichen und Praxis-Partnern angewiesen. Die transdisziplinäre Organisation der Projekte ist selbstverständlich. Fragen des «Migration Design» können nur untersucht werden, wenn VertreterInnen verschiedener Disziplinen und Institutionen sich versammeln und den Gegenstand der Untersuchung gemeinsam entwickeln. Dies bedeutet, dass die Wissenskulturen der universitären Forschung mit derjenigen der künstlerischen und visuellen Forschung, die klassischen Disziplinen mit der transdisziplinär orientierten Kulturwissenschaft, die Empirie mit dem interventionistischen Experiment wechselseitig ins Spiel und in ein produktives Verhältnis gebracht werden. Wir sind überzeugt, dass es nur so gelingen kann, dem spezifischen «Untersuchungsgegenstand», der als Geschehen im Zusammenspiel von Ästhetik und Politik, von Gestaltungs- und sozialen Vorgängen, von sinnlicher Performativität und gesellschaftlicher Kontextualität und nicht zuletzt als Kommunikation unter Menschen sich ereignet, gerecht zu werden.

Es sei denn auch allen, die irgendwie an dieser vielstimmigen, farbigen Forschung teilgenommen haben, ausdrücklich gedankt.

Bibliographie

Elke Bippus, Hrsg. (2009): *«Kunst des Forschens»*. Zürich, diaphanes.
ith, Zürich, Hrsg. (2005): *«call for images – Bilder an der Arbeit»*. 31 – Das Magazin des Instituts für Theorie, Nr. 6/7. Zürich, ith.
ith, Zürich, Hrsg. (2006): *«doing theory»*. 31 – Das Magazin des Instituts für Theorie, Nr. 8/9. Zürich, ith.
Mark Terkessidis (2010): *Interkultur*. Frankfurt am Main, Suhrkamp.

EINLEITUNG

Christian Ritter

Ein Beispiel: Die siebzehnjährige Milana sucht eine Lehrstelle als kaufmännische Angestellte. Nicht nur gute Zeugnisse und Referenzen sind ihr dafür wichtig: Sie will ebenso mit Charakter überzeugen und sich von ihrer besten Seite zeigen – auch auf dem Bewerbungsfoto. Geschult durch die Community auf Netlog – einem der derzeit führenden Sozialen Netzwerke im Internet – weiss sie genau, wie sie sich authentisch inszenieren muss. Es ist ihr klar, wie sie sich zu stylen hat und mit welcher Pose sie ihren Style am besten in Szene setzen kann. In der Jugendlichengruppe wäre das Bild ein Erfolg: Es zeigt Milana als selbstbewusste Person, die User attestieren ihr einen starken Charakter. Erwachsene – zum Beispiel bei der Lehrstellenselektion – sind von dem Bild irritiert: Was sie sehen, ist ein glamouröses Styling, eine sexy Pose und nackte Haut. Ein Missverständnis in der Kommunikation, dessen Folgen für Milana einschneidend sein können.

Ein anderes Beispiel: Blerim nennt sich im Internet «real_shqipi_style». Nicht nur in seinem Internetprofil, auch in der Schule und während der Freizeit zeigt er sich mit Symbolen seines Herkunftslandes. Auf Netlog & Co. fällt das niemandem auf. Für viele Migrantenjugendliche aus den Ländern und Regionen des ehemaligen Jugoslawien ist die Inszenierung mit national-religiösen Symbolen ein Bestandteil ihrer virtuellen Selbstrepräsentation. Dass solche Inszenierungen jugendkultureller Common Sense und nicht nationalistische Statements sind, ist für Aussenstehende kaum nachvollziehbar.

Entsprechend sind die Reflexe darauf: Der Lehrmeister und der Jugendarbeiter sehen in Blerim einen Problemfall, der auf Distanz geht und – offensichtlich – nicht gewillt ist, sich auf Schweizer Werte einzulassen. Wie sonst soll der radikale Auftritt zu deuten sein? Für den Betroffenen ist diese Kritik und Zurückweisung unverständlich. Schliesslich ist er nicht nur Jugendlicher, Schüler, Fussballer, liebt House-Music und den Club OXA. Er ist auch Kosovare, wie seine Eltern und Geschwister, die im Kosovo geboren sind, und wie viele seiner Freunde. Warum soll er das nicht auch zeigen?

Die zwei Beispiele zeigen, dass visuelle Strategien der Selbstrepräsentation selten frei von Problemen funktionieren. Die Fälle von Milana und Blerim sind fiktiv, die ihnen zugrunde liegende Konstellation von visueller Inszenierung, Selbst- und Fremdwahrnehmung aber von exemplarischer Gültigkeit. Das bestätigen auch die Erkenntnisse aus dem Forschungsprojekt «Migration Design – Codes, Identitäten, Integrationen»: Die ambivalenten Deutungszusammenhänge visueller Ausdruckssprachen sind – speziell im Kontext von Migration und jugendkultureller Orientierung – oft mitverantwortlich für irritierte Verortungs- und Übersetzungsprozesse, für stereotype Zuschreibungen und Ausschluss, zwischen Jugendlichen und Erwachsenen, aber auch unter den Jugendlichengruppen selbst.

Die Text- und Bildbeiträge der vorliegenden Publikation beleuchten unterschiedliche Aspekte von jugendkultureller Identitätsbildung im transkulturellen Raum – mit einem besonderen Fokus auf visuellen Prozessen der Selbstrepräsentation und -inszenierung. Die Betonung unterschiedlicher disziplinärer und ästhetischer (sprachlicher und visueller) Zugänge ist dabei von entscheidender Bedeutung. Die interdisziplinäre Zusammensetzung der AutorInnen soll eine den ästhetischen und sozialen Dimensionen des Forschungsgegenstandes angemessene Beschäftigung mit Fragen von Visualität, Identität und (jugend-) kultureller Identitätsbildung ermöglichen und – im Sinne einer möglichst umfassenden Auslegeordnung – Hintergründe und Bezugnahmen visueller Ausdruckssprachen im «Dazwischen» und «Sowohl-als-Auch» der Kulturen und Lebensstile zur Darstellung bringen.

Forschungsprojekt «Migration Design – Codes, Identitäten, Integrationen»

Ausgangslage für die folgenden Beiträge ist das zwischen November 2008 und August 2010 durchgeführte Forschungsprojekt «Migration Design – Codes, Identitäten, Integrationen». Das Forschungsprojekt wurde konzipiert und umgesetzt vom *Institut für Theorie* der Zürcher Hochschule der Künste ZHdK – in Kooperation mit dem *Institut für Populäre Kulturen* der Universität Zürich, mit Partnern aus der institutionellen Praxis und im wissenschaftlichen Austausch mit der Zürcher Hochschule für Angewandte Wissenschaften ZHAW. Gefördert wurde das Projekt von der *Förderagentur für Innovation KTI* des Bundes, der *Jacobs Foundation* und dem *Lotteriefonds Kanton Solothurn*.

Im Zentrum des Forschungsprojekts steht die Beobachtung und Analyse medialer und ästhetischer Prozesse der Selbstrepräsentation und Kommunikation von jugendlichen Subkulturen in einem kulturell heterogenen Umfeld. Dabei legt das Projekt einen besonderen Schwerpunkt auf Jugendliche aus den Ländern und Regionen des ehemaligen Jugoslawien, da es sich bei dieser Gruppe um eine äusserst stereotypisierte, gesellschaftlich als «Problem» diskutierte Ausländergruppe handelt. Dass auch Schweizer Jugendliche und Jugendliche anderer Nationalitäten Teil des Feldes sind, ist Bedingung der Untersuchung.

Das Forschungsprojekt «Migration Design – Codes, Identitäten, Integrationen» untersucht die Entwicklung einer eigenständigen visuellen Ausdruckssprache und Gestaltungspraxis im Kontext von Jugendkultur, Migration und transkultureller Identitätsbildung. Die erarbeiteten Grundlagen sollen dabei helfen, den (strategischen) Umgang mit spezifischen Aspekten von Visualität, Migration und Identitätsbildung zu erleichtern, die hinsichtlich der Integration in die Berufs- und Bildungswelt und in den Alltag als wichtig und problematisch gelten. Integration meint dabei nicht die im alltäglichen Verständnis und Sprachgebrauch verbreitete Betrachtung als etwas, «wofür es bestimmte Standards gibt, an die sich die anderen anzupassen haben»[1]. Vielmehr soll damit ein gegenseitiger Prozess der Annäherung, Angleichung und Aushandlung von kulturellen Werten, rechtlichem und sozialem Status, von Bildungsstand und Chancengleichheit – aber auch des Engagements in und für die Gesellschaft benannt werden. Um gegen die Normierung und Unveränderlichkeit von «Kultur» zu argumentieren, muss das Konzept «Integration» aus gegenwartsbezogener Perspektive aber auch kritisiert werden. Mark Terkessidis hält in seiner Analyse fest, dass der Begriff «Integration» belastet ist mit «Prämissen und Problem-Agenden aus den 1970er Jahren, die in der heutigen Situation nicht als angemessen erscheinen».[2] Integration, so Terkessidis, mutet man den Individuen zu, die sich dabei an «unklaren und veränderlichen Normvorstel

---

1   Mark Terkessidis (2010), S. 40.
2   Ebd., S. 61.

lungen orientieren sollen».[3] Wenn allerdings eine grosse Zahl von Individuen «die eigene Angleichung nicht organisieren kann, wird der Herkunftsgruppe kollektives Versagen bescheinigt: Die Personen wollen sich eben nicht integrieren oder können es nicht aufgrund ihrer kulturellen Prägung».[4] In der Beschäftigung mit den ambivalenten Deutungszusammenhängen visueller Formen der Selbstrepräsentation zeigt sich auf exemplarische Weise die Problematik von Norm und Erwartung, deren (unmögliche) «Erfüllung» noch immer die Messlatte für eine gelungene oder misslungene Integration darstellt.

Die ständige Wohnbevölkerung der Schweiz besteht zu rund einem Drittel aus Personen im Alter von fünfzehn und mehr Jahren, die einen Migrationshintergrund haben.[5] Aufgrund des grossen Bevölkerungsanteils mit Migrationshintergrund wird in der Schweiz eine Debatte über die Bedingungen und Möglichkeiten von Integration und über die Repräsentation kultureller Narrative und Werte im Aufnahmeland geführt. Aspekte der Repräsentation von Identität, Gruppenbildung und Gruppenzugehörigkeit werden in diesem Zusammenhang heftig mitdiskutiert – insbesondere auch bezüglich jugendlicher AusländerInnen und Secondos. In einer visuell und medial geprägten Gesellschaft soll eine engagierte Diskussion darüber aber nicht auf die Reflexion über die Bedeutung visueller Strategien für die Konstruktion von Identitäten verzichten, vor allem nicht im Wissen um die Bedeutsamkeit visueller Ausdruckssprachen für die Selbstrepräsentation von Jugendlichen und um die Relevanz zeitgenössischer Medienformate wie Internet oder Handyphotographie.

Vor diesem Hintergrund fokussiert das Forschungsprojekt «Migration Design – Codes, Identitäten, Integrationen» auf visuelle Codes und Ausdruckssprachen – als ein spezifischer Aspekt der Herstellung und Kommunikation von Identitäten im Kontext von Diaspora und jugendkultureller Zugehörigkeit. Problematische Beziehungen zwischen Jugendlichen und Erwachsenen (Generationenkonflikt) finden in diesem Zusammenhang verschärft statt und sind oft nur schwer durch gemeinsame Referenzen zu überbrücken: Wo Identitäten sichtbar und gewohnte Sichtweisen irritiert werden, dienen ästhetische Qualitäten auf beiden Seiten als Argument für Abgrenzung und Ausschluss.

Ausgrenzung aufgrund von kulturellem Unverständnis widerspricht aber nicht nur dem heterogenen Bild der schweizerischen Gesellschaft und Arbeitswelt. Sie ist auch wirtschaftlich unproduktiv und verhindert notwendige An-

---

3   Mark Terkessidis (2010), S. 62.
4   Ebd.
5   Ständige Wohnbevölkerung ab fünfzehn Jahren nach Migrationsstatus.
    In: Schweizerisches Bundesamt für Statistik (2010).

schlüsse an fremde Kulturen und Lebenswelten. Eine sinnvolle Ausdifferenzierung der kulturellen Unterschiede zwischen Jugend- und Erwachsenenwelt, zwischen Herkunfts- und Aufnahmeland, ist unter diesen Voraussetzungen nur erschwert möglich: Unverständnis und die Irritation über kulturell und jugendkulturell mitbegründete Phänomene und Ausdrucksformen sind im institutionellen Kontakt mit den Jugendlichen oft mitverantwortlich für gestörte Kommunikationsprozesse.

Hier setzt das Forschungsprojekt an: Es beleuchtet gezielt die Fragestellungen von Visualität, Migration und Identitätsbildung und erweitert die kommunikative Kompetenz von an Integrationsprozessen beteiligten Institutionen. Die Schauplätze der Praxis sind dabei vielfältig. Neben der Sozialen Arbeit oder der Jugendförderung gilt die Aufmerksamkeit des Projekts insbesondere auch der Arbeitswelt. Sowohl in der Berufsintegration, der Lehrstellenselektion als auch am Arbeitsplatz werden durch visuelle Phänomene begründete (vermeintlich kulturelle) Missverständnisse als konflikthaft und unproduktiv erlebt – was auch aus wirtschaftlicher Perspektive problematisch ist, insbesondere im Wissen um die demographische Situation der Schweiz: Jeder fünfte Arbeitnehmer in der Schweiz ist ausländischer Staatsbürger, wobei allein der Anteil von Arbeitnehmern aus den «westlichen Balkanstaaten» und der Türkei im Jahr 2009 bei 4,7% aller Erwerbstätigen lag.[6]

Vorgehen

Die Untersuchung arbeitet mit einem kulturwissenschaftlich orientierten, lebensweltlich-ethnographischen Zugang (vgl. den Artikel «Wer bin ich? – Identitäten und Ressourcen» von Gabriela Muri im vorliegenden Buch, besonders S. 79f.) und mit Verfahren der künstlerischen und visuellen Forschung. Dabei sind sowohl die Forschungs- wie die Interpretationsprozesse eng mit visuell orientierten Verfahren verknüpft: Das Forschungsprojekt arbeitet mit einem Setting spezifischer (visueller) Verfahren zur Erschliessung medialer und lebensweltlicher Aspekte von Visualität und Identität. Schwerpunkte liegen dabei auf Experteninterviews mit Fachleuten und mit Jugendlichen, auf der vergleichenden Medien- und Dokumentenanalyse sowie auf der Medienrecherche im Internet und der teilnehmenden Beobachtung im Feld der Berufsintegration sowie der Freizeit- und Jugendkultur.

---

6   Anteil der ausländischen Erwerbstätigen in der Schweiz im 2. Quartal 2009.
     In: Schweizerisches Bundesamt für Statistik (2009).

Dabei geht es immer auch um das Fruchtbarmachen der ästhetischen und sinnlichen Dimensionen des Geschehens und der in den unterschiedlichen Bildern und Bildkonstellationen angelegten impliziten Zusammenhänge: zum Beispiel, wenn Jugendliche einer Berufsintegrationsklasse für das Forschungsprojekt photographieren, in den visuellen Erkundungen im Zürcher Nachtleben der Photographin Anne Morgenstern oder in der epistemologischen Verschränkung von Bildern, Videoaufzeichnungen und Interviews. Die verschiedenen Formen visueller Artikulation und Inszenierung – vom anonymen Selbstportrait im Internet bis zur professionellen Inszenierung – zeigen nicht nur die unterschiedlichen Gebrauchsweisen sowie ästhetischen und medialen Eigenschaften der Bilder. Das Interesse der Forschung gilt ebenso den Spannungen, Bezugnahmen und Widerständen zwischen den unterschiedlichen Bildern und ihren Funktionen.

Die in den Vertiefungsphasen gewonnenen Ergebnisse werden laufend ausgewertet und im Rahmen theoretischer und empirischer Forschungsliteratur analysiert und eingeordnet. Das Forschungsprojekt wird in vier Projektphasen abgewickelt:

- *Systematisierung:* Analyse der Bedeutung visueller Codes und Ausdruckssprachen in der Kommunikationspraxis der Projektpartner;
- *Exploration:* Untersuchung der Hintergründe und Bedeutungszusammenhänge visueller Codes und Ausdruckssprachen sowie ihrer Rezeption in den Peer-Groups und in der Praxis;
- *Interpretation:* Auswertung der empirischen Ergebnisse hinsichtlich des Forschungsziels;
- *Transfer:* Herstellung der Vermittlungsformate und Implementierung der Resultate in die Praxis.

Projektpartner

Für die Ausrichtung des Forschungsprojekts ist der interdisziplinäre Forschungs- und Anwendungsverbund der beteiligten Institutionen und Fachleute aus Praxis und Wissenschaft von grundlegender Bedeutung. Das Forschungsprojekt integriert Kompetenzen aus der Forschung und der Praxis in ein interdisziplinäres und gesamtschweizerisches Netzwerk etablierter Institutionen, Behörden und Forschungsinstitute. Die nachfolgend genannten Institutionen haben das Forschungsprojekt mit personellen Eigenleistungen unterstützt (mehr Angaben auf S. 282f.):

- Infoklick.ch – Kinder und Jugendförderung Schweiz (Hauptprojektpartner)
- albamig – Büro für interkulturelle Kommunikation und Kulturförderung
- Berufsbildner AG
- Caritas Zürich
- IMPULSIS
- Amt für soziale Sicherheit, Fachstelle Integration des Kantons Solothurn
- Stadt Zürich, Sozialdepartement
- Schweizerisches Forum für Migrations- und Bevölkerungsstudien SFM
- SRG SSR idée suisse.

Forschungsteam

Entsprechend den Fragestellungen des Forschungsprojekts ist das Forschungs-team interdisziplinär zusammengesetzt und ausgerichtet. Die Schwerpunkte der Mitarbeiter liegen in der Kulturtheorie, dem Einsatz visueller Medien so-wie in der Thematik von Jugendkultur, Migration und Identität. Das Projekt wurde geleitet von *Christian Ritter*, wissenschaftlicher Mitarbeiter am Institut für Theorie der Zürcher Hochschule der Künste ZHdK. Das Projektteam ist weiter zusammengesetzt aus *Dr. Gabriela Muri*, Kulturwissenschaftlerin und Dozentin am Institut für Populäre Kulturen der Universität Zürich, *Basil Rogger*, Dozent an der Zürcher Hochschule der Künste ZHdK, *Patricia Pazin*, Graphic Designerin, und *Anne Morgenstern*, Photographin und Künstlerin. Das Projekt wurde supervisioniert von *Prof. Dr. Jörg Huber*, Professor für Kulturtheorie an der ZHdK und Leiter des Instituts für Theorie.

Beiräte

Das Forschungsprojekt wurde in seiner Durchführung begleitet von Beiräten und Beirätinnen aus unterschiedlichen projektrelevanten Arbeits- und The-menfeldern. Sie besprechen und kommentieren die Forschung und beraten das Projektteam vor dem Hintergrund ihrer spezifischen Kompetenzen: Als wissenschaftliche Experten und als Fachleute für die Kultur und Geschichte der Länder und Regionen des ehemaligen Jugoslawien geben sie wertvolle Hinweise und Anregungen für die Forschungsarbeit.

Der Beirat setzt sich zusammen aus *Prof. Dr. Anna Maria Riedi* (Sozial-wissenschaftlerin und Dozentin an der Zürcher Hochschule für Angewandte Wissenschaften ZHAW, Departement Soziale Arbeit), *Prof. Dr. Gianni D'Amato*

(Direktor Schweizerisches Forum für Migrations- und Bevölkerungsstudien SFM und Professor für Migrations- und Bevölkerungsstudien an der Universität Neuchâtel), *Renate Menzi* (Kuratorin Designsammlung, Museum für Gestaltung Zürich und Dozentin für Design- und Kulturtheorie an der ZHdK), *Gjyle Krasniqi*, *M.A.* (Geschäftsführerin albamig – Büro für interkulturelle Kommunikation und Kulturförderung), *Dejan Mikic* (Ethnologe und Sozialberater bei Caritas Zürich, Co-Autor von «Als Serbe warst du plötzlich nichts mehr wert. Serben und Serbinnen in der Schweiz», Zürich, Orell Füssli, 2003 und «Jugoslawien – Schweiz einfach. 20 Erfolgsgeschichten», Zürich, Orell Füssli, 2007).

Dank

Dank gilt an dieser Stelle vor allem den Projektpartnern für ihr Interesse und Engagement sowie der Förderagentur für Innovation KTI, der Jacobs Foundation und dem Lotteriefonds Kanton Solothurn für die grosszügige Unterstützung des Projekts. Spezieller Dank geht dabei an *Dr. Bernd Ebersold* und *Dr. Simon Sommer* sowie an *Cäsar Eberlin*.

Weiter gilt der Dank den Jugendlichen, die uns in Interviews Auskunft gegeben und ihre Photographien dem Forschungsprojekt zur Verfügung gestellt haben. Derselbe Dank geht an die Fachleute, die uns wichtige Einblicke in ihre Arbeitspraxis ermöglicht haben und als Vertreter ihrer Institutionen das Forschungsprojekt unterstützt haben, namentlich an *Albert Weibel* (Integrationsdelegierter Kanton Solothurn), *Michele Foglia* (Jugendarbeit Zuchwil), *Gjyle Krasniqi* (albamig – Büro für interkulturelle Kommunikation und Kulturförderung), *Markus Gander, Andy Limacher, Rebecca Müller* (Infoklick.ch), *Edi Schwertfeger* (Berufsbildner AG), *Bettina Bormann* (American Power Conversion APC / Schneider Electric), *Antonella Giro* (Stadtverwaltung Dübendorf), *Sonja Rüegg* (Stadt Zürich, Sozialdepartement), *Agron Ibraj, Giuliana Lamberti* (Offene Jugendarbeit OJA Zürich), *Ursula Britschgi, Michèle Deubelbeiss, Monika Litscher, Dejan Mikic, Anna Suppa* (Caritas Zürich), *André Willi, Lea Schmid, Martin Guerra, Christian Ruosch, Michael Corbat, Beatrice Sommer, Denise Schmid, Lilian Zumsteg, Sabine Zaugg, Marcel Bochsler* (IMPULSIS), *Prof. Dr. Gianni D'Amato* (Direktor Schweizerisches Forum für Migrations- und Bevölkerungsstudien SFM, Universität Neuchâtel) und *Simon Meyer* (SRG SSR idée suisse). Für die technische Umsetzung der Projekthomepage geht der Dank an *Sven Osterwalder* und *Simon Meier* von Infoklick.ch.

Besonderer Dank gilt auch den Beiräten für ihre kompetente Beratung und Begleitung des Forschungsteams. Speziell zu danken ist dem diesbezüglichen

Engagement der Zürcher Hochschule für Angewandte Wissenschaften ZHAW, Departement Soziale Arbeit im Verbund der Zürich Fachhochschulen.

Für die rechtliche Beratung und die administrative Unterstützung innerhalb der ZHdK bedanken wir uns bei *Prof. Dr. iur. Mischa Charles Senn* (Rechtsdienst ZHdK) sowie bei *Aracely Uzeda, Julia Prütz* (Koordination F&E, ZHdK), *Katrin Stowasser* und *Franziska Eggimann* (Institut für Theorie) und beim itz-Team.

Für vielfältige Unterstützung bedanken wir uns bei *Ruth Lang* und *Angela Wittwer, Iva Bozovic, Tobias Gerber, Stefanie Lanfranconi, Safete Jahiji* und *Cornelia Ritter-Schmalz*.

Dank geht auch an *Prof. Giaco Schiesser* (Direktor Departement Kunst & Medien) sowie an *Prof. Christoph Schenker* (Leiter Institut für Gegenwartskünste), *Dr. Klaus Schönberger* und *Dr. Gerald Raunig* (Leitung Vertiefung Theorie) für die unkomplizierte Ermöglichung der institutionellen Rahmenbedingungen an der ZHdK.

Besonderer Dank geht an *Prof. Dr. Jörg Huber* (Leiter Institut für Theorie, ZHdK) für die anregende und vertrauensvolle Zusammenarbeit.

Bibliographie

Schweizerisches Bundesamt für Statistik (2010): *Migration und Integration – Indikatoren. Bevölkerung mit Migrationshintergrund.* Gefunden am 05.05.2010, unter: http://www.bfs.admin.ch/bfs/portal/de/index/themen/01/07/blank/key/04.html
Schweizerisches Bundesamt für Statistik (2009): *Erwerbstätigkeit und Arbeitszeit – Indikatoren. Erwerbstätige – Nationalität.* Gefunden am 05.05.2010, unter: http://www.bfs.admin.ch/bfs/portal/de/index/themen/03/02/blank/key/erwerbstaetige0/auslaender.html
Mark Terkessidis (2010): *Interkultur.* Frankfurt am Main, Suhrkamp

MAGISCHE AMBIVALENZ
VISUALITÄT UND JUGEND ZWISCHEN DEN KULTUREN

Christian Ritter

Was passiert in der Landschaft hiesiger Jugendszenen, wenn Teenager aus dem Kosovo, aus Serbien, Kroatien oder Bosnien-Herzegowina die Ästhetik der Jugend neu konfigurieren? Was für Vorgänge finden statt, wenn Symbole und Bildsprachen aus der globalen Popkultur und den Jugendkulturen mit denen ihrer Herkunftskultur zusammenkommen? Wenn sich vor dem Hintergrund transkultureller Identitätsbildung globale Botschaften mit jugendkulturellen Codes kreuzen? Ausgehend von diesen Fragen befasst sich das Forschungsprojekt «Migration Design» mit der Beobachtung und Analyse visueller Artikulationsprozesse bei jugendlichen Subkulturen im «Dazwischen» und «Sowohl-als-Auch» der Kulturen und Lebensstile. Der Fokus liegt dabei auf Jugendlichen aus den Ländern und Regionen des ehemaligen Jugoslawien. Nicht zuletzt deshalb, weil es sich dabei um eine häufig als Stereotyp behandelte und gesellschaftlich als «Problem» diskutierte Gruppe handelt.

Gleichzeitig treten diese Jugendlichen – so eine These des Projekts – oft mit dem Selbstverständnis einer eigenständigen Jugendszene auf. Mit einem eigenständigen Repertoire an Codes und Bildsprachen, das oft mehr über den sozialen und ökonomischen Hintergrund der Jugendlichen aussagt als über ihre kulturelle Herkunft: Jugendliche aus den Ländern und Regionen des ehemaligen Jugoslawien stehen oft in einem besonderen Spannungsfeld von sozioökonomischen Voraussetzungen, Bildungschancen, Elternhaus und der in Jugendlichengruppen entwickelten subkulturellen Ressourcen.

Die «Migranten-Jugendlichen» sind stilprägend für eine ganze Generation heranwachsender Jungen und Mädchen. Der mit globaler Attitude und der Ernsthaftigkeit kultureller Traditionen aufgemotzte Teenager-Mainstream fasziniert die Kids ebenso, wie sich Erwachsene über den Einfluss der «Jugos» auf die «Schweizer Kultur» sorgen.

Doch diese Jugendlichen sind in erster Linie *Jugendliche*: Wie die Emos, die Skater, die Gothics und wie der popkulturelle Teenage-Mainstream. Der Bildbeitrag «Visual Attitude» ab Seite 37 zeigt das deutlich: Jugendliche aus dem ehemaligen Jugoslawien inszenieren sich auf den ersten Blick kaum anders als Schweizer Mädchen oder Secondos italienischer Herkunft. Für den Laien sind es kaum wahrnehmbare Differenzen, die der Migrations-Situation geschuldet sind, die aber in ihrer Gesamtheit den Eigensinn einer transkulturellen Ausdruckssprache ausmachen.

Die folgende Tour d'Horizon skizziert soziale, ästhetische und mediale Aspekte, die bei der Entwicklung einer eigenständigen visuellen Ausdrucksprache wirksam werden.

Designpraxis als Ausdruckssprache

«Migration Design» – der Name des Forschungsprojekts steht auch für eine Behauptung: Dass Designprozesse nicht alleine Objekt- und Produktidentitäten hervorbringen, sondern – als Gestaltungsprozesse des Körpers und der Oberflächen – genauso an der Subjektivierung von Personen beteiligt sein können. Beim Wort Design denkt man in der Regel zuerst an visuelle Kommunikation und Produktgestaltung. Daran, wie man Dinge entwirft und ihnen eine gute Form gibt.

Design, oder besser gesagt, der gestalterische Prozess, ist aber nicht alleine eine technische oder «künstlerische» (wenn auch eine ästhetische) Angelegenheit. Jeder Designprozess ist eingebettet in komplexe Gefüge sozialer Interaktion und Kommunikation. Durch Designprozesse werden Dinge und Formen semantisch (re-)konfiguriert, sie werden sichtbar, lesbar und verstehbar – als Teil eines alltäglichen Orientierungssystems und Bedeutungshorizontes. Design, so Beat Schneider, Professor für Design- und Kulturgeschichte an der Hochschule der Künste Bern, schafft «*visuelle Übereinkunft* im Handlungsprozess zwischen individuellen und kollektiven menschlichen AkteurInnen, so dass Kommunikation möglich wird».[1]

---

1   Beat Schneider (2009), S. 197.

Die Abkehr vom am Kunsthandwerk orientierten Designparadigma des 19. Jahrhunderts zum Designverständnis der Gegenwart geht einher mit den kulturellen, sozialen und ökonomischen Veränderungen der Moderne. Das Aufkommen des modernen Designs, stellt Boris Groys in seinem Essay «Die Pflicht zum Selbstdesign» fest, ist «zutiefst verbunden mit dem Projekt der Umgestaltung des alten zum neuen Menschen».[2] Groys spricht von der Aufgabe des modernen Menschen, die «eigene ethisch-ästhetische Verantwortung»[3] zu übernehmen für das Bild, das er der Aussenwelt bietet. Das Subjektdesign, die Art, wie sich der Mensch zur Darstellung bringt, ist für ihn die ultimative Form des Designs: Die Problematik des Designs wird erst dann angemessen angesprochen, «wenn das Subjekt vor die Frage gestellt wird, wie es sich manifestieren will, welche Form es sich geben will, wie es sich dem Blick des Anderen präsentieren will.»[4]

Die von Groys vorgeschlagene Form der *Selbstrepräsentation* findet besonders ausgeprägt im Modus des Visuellen statt, auch wenn das Taktile und das Haptische, das Olfaktorische und das Akustische sich in der Gesamtheit ästhetischer Sinneseindrücke und semantischer Deutungen nur kategorisch differenzieren lassen. Der Geruch von Red Bull und Zigarettenrauch trägt genauso dazu bei, das Gegenüber im Katalog sozialer Erfahrungen und kultureller Stereotypen zu verorten, wie der Sound der Sprache und die Musik aus dem iPod, der Kleidungsstil, die Marke der Jeans, das Make-up.

Visuellen Ausdrucksformen kommt im Setting ästhetischer Wahrnehmung aber eine tragende Rolle zu. Die Anleitung und Verzauberung des modernen Menschen durch visuelle Dispositive, die unausweichliche Präsenz von Visualität im Alltag, im Berufsleben und in der Freizeit, auf Plakaten, Powerpoint-Folien und Facebook-Avataren, macht visuelle Kommunikation zur unbedingten Dimension sozialer Interaktion. Der Kulturwissenschaftler Tom Holert spricht von einer Kultur der Visualität, in der «Subjektivitäten und Identitäten massgeblich durch Sehen und Gesehen-Werden bestimmt sind».[5] In dieser Kultur ist visuelle Kompetenz – die Fähigkeit zur Codierung und Decodierung – mehr denn je Voraussetzung zwischenmenschlicher Verständigung. Sie ermöglicht es, zu erkennen und erkannt zu werden. Sofern man die richtige «Sprache» spricht und versteht: Das visuelle Vokabular der Jugend – und gerade im «Dazwischen» und «Sowohl-als-Auch» der Kulturen und Lebensstile – ist vielfältig und oft mehrfach codiert bis zur Widersprüchlichkeit.

---

2   Boris Groys (2008), S. 8.
3   Ebd., S. 19.
4   Ebd.
5   Tom Holert (2008), S. 22.

Visualität und Selbstauszeichnung: Die Ambivalenz der Codes

Für die Entwicklung und Bestückung ihrer Ausdruckssprachen bedienen sich Jugendliche eines Repertoires gemeinsamer Codes und Referenzbilder – zusammengesetzt aus dem Fundus der Subkultur, der Popkultur, der Alltagskultur und der Kultur des Herkunftslandes. Lebensstilrelevante visuelle Codes sind dabei zum Beispiel angelegt in stilistischen Elementen (Kleidung, Accessoires, Frisur, Make-up etc.), in der Inszenierung von Körper und Geschlecht (Posen, Gestik, Blicke), in Brandingprozessen (Brands und deren Logos auf Kleidern und Accessoires) und in medialen Inszenierungen (Photographien, Bilddesigns, Videoclips). Visualität funktioniert dabei als spezifischer Modus der Selbstrepräsentation im Kontext transkultureller Identitätsbildung.

Die Subkulturforschung der Cultural Studies lancierte in den 1970er Jahren das Konzept der «maps of meaning», der «Bedeutungslandkarten», durch die sich die Akteure innerhalb ihrer Gruppe orientieren und die das soziale Gefüge der Gruppe organisieren[6]. Durch die gegenwärtigen Möglichkeiten zur Selbstdarstellung in Internet und im Fernsehen sowie durch die Präsenz globaler Identifikationsangebote haben sich auch etablierte Bedeutungszusammenhänge verschoben. Was gestern ein Fixpunkt am jugendkulturellen Bedeutungshorizont war, ist heute nicht mehr en vogue und taucht morgen an neuer Position im Bedeutungsraster der Jugendkultur auf: «Dolce & Gabbana, das finde ich so etwas von kindisch. Früher war das vielleicht in. Heute finde ich das so etwas von out. Ich finde das ist wie eine Kindermarke. [...] Ich finde das so eine langweilige Marke. Chanel ist eine geile Marke.»[7]

Durch das Zusammentragen, Verdichten, Sampeln und (Re-)Kontextualisieren lebensstilrelevanter Merkmale entziehen sich die Subjekte zusehends der Lesbarkeit derer, die ihre «Sprache» nicht verstehen. Ein seit den 1970er Jahren populäres Beispiel ist die Verwendung des Hakenkreuzes in der Punk-Subkultur und in der Antifa: Was dabei als Provokation, Ausdruck nihilistischer Sinnentleerung oder Symbol eines linksextremen Gegenprogramms gedacht ist (das durchgestrichene Hakenkreuz), beschäftigte in den vergangenen Jahren selbst die Gerichte. Angesichts der ambivalenten Kontexte und der semantischen Mehrdeutigkeit jugendkultureller Codes fallen verbindliche Deutungen schwer. Dazu kommt, dass sich die unterschiedlichen medialen und kulturellen Interpretationszusammenhänge oft überlagern und widersprechen. Selbst für die Jugendlichen ist dabei der Pflicht, *up to date* zu sein, nicht immer

---

6 Vgl. John Clarke et al. (2006).

7 Interviewausschnitt mit S.J., Vertiefungsphase II, Gruppe A – Bülach.

nachzukommen. Und mancher Ausdruck, dessen Deutung profundes (sub-)kulturelles Insiderwissen voraussetzt, ist auch ein visuelles Ereignis, dessen Auslegung und Interpretation über implizites Verstehen geschieht.

Dieser Verlust der «Deutungshoheit» ist nicht unproblematisch: Identitäten sind nicht nur durch die Prozessualität visueller Repertoires und Identifikationsangebote bestimmt. Visuelle Prozesse tragen auch entscheidend zur Zuschreibung stereotyper Eigenschaften bei. Die Frage, was als die «gültige» Bedeutung eines Codes verstanden wird, ist immer auch eine Frage der Macht und Machtverteilung. Für die als «anders» gebrandmarkten Gruppen (hier MigrantInnen, Jugendliche etc.) ist es nicht einfach, die in ihrem Kontext wichtigen Bedeutungen gegen einen herrschenden Diskurs stark zu machen: Im Zusammenwirken von massenmedial protegierten Images, prägenden Alltagserfahrungen und der in Unsicherheit umgemünzten Unfähigkeit zur «gültigen» Dechiffrierung, vermengt sich Imaginiertes und Tatsächliches zu eigenartigen Gespinsten – und das selten zum Vorteil der dabei diskutierten Personen.

Die Problematik der Mehrdeutigkeit der Codes zeigt sich nicht nur im Verhältnis der Jugendlichen zu den Erwachsenen, sondern auch bei den Jugendkulturen selbst. Exemplarisch lässt sich das an den In- und Exklusionsstrategien der Jugendlichengruppen beobachten, die oft zugleich auf subkulturelle Auszeichnung (Skater, Emos, Hip-Hop) und nationale Zuschreibung («Balkaner», Latinos, Schweizer) referieren: Aus der Sicht der Gruppe selbst meint etwa «Balkaner»[8] nicht explizit Jugendliche aus dem ehemaligen Jugoslawien, sondern benennt in erster Linie den Lifestyle südosteuropäischer Secondos und all derer, die daran teilhaben also auch albanische, türkische, griechische, möglicherweise auch spanische, portugiesische oder gar schweizerische Jugendliche. Während wiederum die Bezeichnung «Skater» nicht nur für die Skateboarder steht, sondern primär als Synonym für «Schweizer». Unter diesen Vorzeichen wird jeder Versuch der Identifikation zur fiebrigen Angelegenheit im Mit- und Gegeneinander kultureller und subkultureller Bezugnahmen. Auf die Frage, ob das Zupfen der Augenbrauen ein bei Jugendlichen verbreitetes Phänomen sei und ob sich dabei «balkanspezifische» Referenzen zeigen, fällt die Antwort denn auch äusserst mehrdeutig und widersprüchlich aus: «Das ist der Hit, alle (sic!) Jugendlichen machen das heutzutage. Das ist so richtig Balkan-Style. Kurden (sic!), oder wer auch immer damit angefangen hat …»[9]

---

8 Der Ausdruck «Balkaner» fiel als Selbstbezeichnung in den Interviews und lässt sich in diversen Sozialen Netzwerken und Internet-Foren beobachten. Vgl. den Artikel von Gabriela Muri: «Wer bin ich? – Identitäten und Ressourcen» in diesem Band, bes. S. 82f.

9 Interviewausschnitt mit S.J., Vertiefungsphase II, Gruppe A – Bülach.

Jugendkulturelle Codes und Re-Ethnisierung

Im Bedeutungsraster transkultureller Identitäten trägt die Betonung des Traditionellen oft zur temporären Stabilisierung des ambivalenten semantischen
Repertoires der Jugendszene bei. Insbesondere bei einer Jugendszene, die
sich gleichzeitig stark an anderen Jugendkulturen und am Mainstream der
globalen Popkultur von D&G und MTV orientiert und die (noch) nicht retro-
spektiv auf eine subkulturelle Historie zurückblicken kann. Noch ist der Treff-
punkt am Zürcher HB nicht der Mythos, den Londons Piccadilly Circus für die
Punks darstellt.

Unter diesen Vorzeichen kann auch die partikuläre – aber nicht zu überse-
hende – Betonung des Traditionellen in der Ausdruckssprache der «Balkaner»-
Szene als ein Versuch gelesen werden, die gemeinsame Erfahrung von Migration
und Stereotypisierung zu kultivieren – gerade durch die Bezugnahme auf Symbole und ästhetische Praxen der Herkunftskultur. Beobachten lässt sich dies
weniger im Alltag als in den Sozialen Netzwerken des Internet: Zahllose photographische Inszenierungen und Collagen mit national-religiösen Symbolen
zeigen das deutlich (Abb. 1, Abb. 2), wenn in den meisten Fällen auch spielerisch und von unbeabsichtigter – wenngleich unbedarfter – Implikation
der politischen Dimensionen. Das Verhandeln von kultureller Identität und
nationaler Zugehörigkeit muss dabei auf jeden Fall auch vor dem Hintergrund
der Desintegrationsprozesse des ehemaligen Jugoslawien seit den 1990er
Jahren betrachtet werden.[10]

Abb. 1   Abb. 2

---

10 In seiner Betrachtung kultureller Identitäten der Spätmoderne hält der Kultur-
theoretiker Stuart Hall fest, dass «das Vorhaben, neue ethnisch und kulturell
einheitliche Nationalstaaten zu schaffen, [...] die treibende Kraft hinter den Ab-
lösungsbewegungen im Baltikum, der Desintegration Jugoslawiens und der Un-
abhängigkeitsbewegungen in vielen früheren Sowjetrepubliken» war. Hall verweist
darauf, dass solche kulturell einheitlichen Nationalstaaten «auch in westlichen
nationalen Kulturen nie wirklich bestanden» haben. Stuart Hall (1999), S. 436–437.

Auf die Dauer ist die Inszenierung religiöser Orthodoxie und kultureller Zugehörigkeit problematisch und keine vielversprechende Strategie zur Setzung eigener Bezugspunkte: Die Betonung des kulturellen Eigensinns der Herkunft mag behilflich sein, die eigene Identität im Eklektizismus der Lebensstile zu stabilisieren. Das bedeutet aber auch, sich selbst als «Fremden» zu akzeptieren und als solchen darzustellen. Problematisch ist das dort, wo jugendkulturelle Phänomene, die im Zusammenhang mit der Migrations-Situation stehen, unter dem Label der «Jugos» als kulturelle Phänomene politisiert werden. Ein Schicksal, das bei aller Ausdruckskraft und expliziter Provokationen weder den Punks noch den Gothics widerfährt, die als ein jugendkulturelles und nicht gleichzeitig ethnisch codiertes Phänomen gesellschaftliche Narrenfreiheit geniessen.

Dabei ist die Jugendszene der «Balkaner» nicht nur ein Hybrid aus den unterschiedlichen Einflüssen von Aufnahmekultur, Herkunftskultur und der globalen Pop- und Kommerzkultur. Sie artikuliert ihre Ausdruckssprache ebenso in der Schnittmenge gemeinsamer Referenzen mit anderen Jugendstilen wie zum Beispiel dem europäischen Hip-Hop-Streetstyle und dem globalen Club-Mainstream, bei denen sich deutliche partikuläre Gemeinsamkeiten lebensstilrelevanter visueller Codes beobachten lassen. Die Grenze zwischen der Jugendkultur der «Balkaner» und anderen Jugendkulturen mit «hohem migrantischen Anteil» wie der Hip-Hop-Kultur ist allerdings fliessend – welche Akteure unter welchem Label fungieren, hängt stark vom jugendkulturellen Selbstverständnis und der Schärfe der Bezugnahmen auf szenenspezifische Referenzfiguren ab.

Gemeinsame Bezugnahmen zeigen sich stark in der Qualität der Inszenierung von Körperlichkeit, Geschlecht und Glamour. In der Hip-Hop- wie in der Clubszene spielt die Inszenierung und Kommunikation von Männlichkeit und Weiblichkeit eine wichtige Rolle – ebenso die Inszenierung von Status und Erfolg (Glamour-Culture) *(Abb. 3)*. Im Gegensatz etwa zu den geschlechtsneutralen Emos, den vor dem PC festgewachsenen IT-Nerds oder zum ökonomischen Anti-Programm der Punks. Das hat vor allem mit dem sozialen und ökonomischen Hintergrund der Migrantenjugendlichen zu tun, mit traditionellen Rollenbildern und dem sozialen und gesellschaftlichen Status der Herkunftsfamilien.

Abb. 3

Als weiterer Aspekt partikulärer Gemeinsamkeit ermöglicht der Zugang zur Glamour-Culture von VIP-Parties und (echten und gefakten) Statussymbolen wie Kleidung, Autos oder Schmuck eine *Ästhetik des Erfolgs*, die den fehlenden Status von Beruf und Elternhaus temporär kompensiert. Für Jugendliche aus den südlichen Balkanstaaten ist die Inszenierung von Glamour und Sexyness durch den Konsum und die Inszenierungsästhetik heimatlicher Medienformate nicht unvertraut und wirkt implizit stilprägend. Dazu kommt, dass die Lifestyle-angebote der Club- wie auch der Hip-Hop-Szene die Möglichkeit zur «Flucht» aus der oft prekären persönlichen Situation von Lehrstellensuche oder Konflik-ten mit dem Elternhaus bieten. Während Partys als gesellschaftliches Ereignis schlichtweg *Fun* und eine «gute Zeit» fern des komplizierten Alltags bieten, ermöglichen es die Ausdrucksformen des Hip-Hop (Rap-Musik), persönliche Momente der eigenen Lebenssituation zu problematisieren und zu reflektieren, ohne die eigene Männlichkeit in Verruf zu bringen.

«You'll never be alone again ...»
Freundschaft in Cyberspace und Real-Life

Soziale Netzwerke wie Netlog[11], Meinbild oder Tagged spielen eine wichtige Rolle für Prozesse jugendkultureller Identitätsbildung im transkulturellen Raum (vgl. Gabriela Muri: «Web 2.0 – Freizeit und Soziale Netzwerke», S. 146f.). In den Photographien und Collagenbildern auf Netlog lassen sich dafür exempla-rische Ausdrucksformen beobachten. Unter dem Vorzeichen des «kulturellen Imperativs, am Produktionsgeschehen teilzunehmen»[12] und hinsichtlich der intensiven Nutzung digitaler Technologien, von Computern, Digitalkameras und MMS, wurde das Internet seit Mitte der Nullerjahre zum zentralen Schauplatz der Formation und Vermittlung bildhafter Identitäten. Selbstdarstellungsforen wie Netlog funktionieren dabei als Transmitter und Tradingzones (sub-)kultureller

---

11   http://www.netlog.com, http://www.meinbild.ch, http://www.tagged.com
     «Netlog ist eine Online Plattform, auf der sich User kennen lernen und ihr soziales Netz-werk erweitern können. Es ist ein soziales Online Portal, speziell auf die europäische Jugend ausgerichtet. [...] Netlog wird derzeit in 20 Sprachen angeboten und hat mehr als 63 Millionen Mitglieder in Europa. [...] Auf Netlog können Mitglieder ihre eigene Webseite mit Blogs, Bildern, Videos, Events und vielem mehr erstellen und mit Freunden teilen. [...] Europaweit ist Netlog Marktführer. Mit mehr als 150 Millionen Besuchern im Monat beläuft sich die Anzahl der Seitenaufrufe auf mehr als 4 Billionen.» Gefunden am 24.05.2010, unter: http://de.netlog.com/go/about
12   Tom Holert (2008), S. 20.

«Ohne diich keij mich.»

Werte und Narrative, als Schauplätze der Aufführung und Erprobung technisch konfigurierter Identitäten und als Testfeld für die Partizipation an unterschiedlichsten Identifikationsangeboten. Ein Einblick in ein Netlog-Profil macht deutlich, wie Soziale Netzwerke als Handlungsraum aktiviert und genutzt werden und welche Rolle dabei jugendkulturelle Ausdrucksformen, aber auch die Bezugnahme auf die Codes der homogenen globalen Kultur spielen. Die exemplarische Betrachtung gilt dem Profil der Userin «Vali».

Valbona ist 17, wohnhaft in einer Zürcher Agglomerationsgemeinde. Ihre Eltern stammen aus dem Kosovo. Valbona nennen alle «Vali» und Vali nennt ihre Freundinnen «Schatz». Wie zum Beispiel die sechzehnjährige Mirjana. Mirjana ist Valis beste Freundin, nicht nur auf Netlog, sondern auch im «echten» Leben. Mit echten Tränen, echten Jungs und echten Sorgen. Vali und Mirjana sind «BFFs», «Best Friends Forever» – ein Zertifikat, das man sich redlich verdienen muss und das von global lesbarer Bedeutung ist. Nicht zuletzt durch die MTV-Reality-Show «Paris Hilton's My New BFF», die das Teenage-Akronym aus dem US-amerikanischen Sprachgebrauch ebenso nach Europa spülte wie das Kürzel «xoxo»[13] aus der TV-Soap «Gossip Girl».

Entgegen der Beschreibung Sozialer Netzwerke als anonymes Ödland, bewirtschaftet von unbedachten, beziehungssüchtigen und sozial irritierten Cyberzombies, zeigt sich sowohl in der Analyse der Profile wie im Interview mit den jugendlichen Netzwerk-Usern deutlich: Was im Netz-Jargon «Friend» heisst, meint nicht unbedingt einen Freund im herkömmlichen Sinn. Tatsächlich wissen die User ziemlich genau, was und (und vor allem: wer) ein echter Freund ist und wann der Begriff lediglich eine Funktion meint – eine metaphorische Bezeichnung für bestimmte Datenkonfigurationen.

Zwar scheinen bei vielen Profilen die Netz-Freunde einen Grossteil der Beziehungen auszumachen. Entscheidend ist aber, dass im Netz gerade reale Freundschaften den Kern Sozialer Netzwerke auszumachen scheinen und den Usern im luftleeren Raum des Cyberspace Halt geben. Komplimente und Freundschaftsanfragen von unbekannten Usern aus Olten, Glattbrugg und Novi Sad sind «nice to have» und helfen dabei, das Userprofil zu attraktivieren. Oft bleiben sie aber periphere Figuren, deren Anzahl zwar bestechen mag und für Reputation sorgt. Für die Qualität der Vernetzung innerhalb der Community ist es aber unabdingbar, sich auf reale Freundschaften, reale Begegnungen und Erfahrungen beziehen zu können.

Dazu kommt, dass es abseits der vordergründigen Intimität der Sozialen Netzwerke sehr wohl Themen gibt, die die Jugendlichen beschäftigen, aber

---

13 US-Amerikanische Abkürzung für «hugs and kisses».

eben gerade nicht auf der glatten Oberflächen des Internet verhandelt werden. Nicht nur, weil das visuelle Vokabular dazu fehlt – was wäre etwa das Bild für «Scheidung»? Sondern auch, weil das Bewusstsein der User dezidiert genug ist, um mit sich zu klären, was in der Öffentlichkeit des Internets nichts verloren hat.

Vali und Mirjana inszenieren ihre Freundschaft mit Hilfe der Statusmeldung («verheiratet») und mit der «Love-Clock» – einer der zahlreichen Applikationen auf Netlog *(Abb. 4)*. Die «Love-Clock» zählt jeden Tag mit, an dem sich die «Best Friends» in Richtung des beschworenen «Forever» bewegen. Ebenfalls auf der Hauptsite ihres Profils fasst Mirjana ihre Freundschaft zu Vali in Worte: Ein Manifest der Freundschaft, aufgebaut auf der gemeinsamen privaten Historie, ein Bekenntnis zu Liebe und Zusammenhalt, abgefasst in einem Patchwork aus fehlerhafter Grammatik und Jugendsprache, präzise codiert («ohne diich keij mich») und sorgfältig typographisch gesetzt.

Abb. 4

In dem Text von Mirjana klingt an, was auf Netlog auch bei visuellen Ausdrucksformen von Bedeutung ist: das Zusammentragen und Verdichten unterschiedlicher ästhetischer und formaler Elemente, Codes und Motive zu einem Statement, formuliert in einer eigensinnigen Ausdruckssprache und mit einem dezidierten Bewusstsein für die Künstlichkeit der Codes und die Rezeption innerhalb der Jugendlichengruppe. Was dabei intendierte und was nicht-intendierte Ansagen sind, was Autorschaft beansprucht und was ein «Sample» ist, ist für Aussenstehende schwer zu entschlüsseln. Selten ist klar, welche Fährten sich durch die Doppel- und Dreifachcodierung der Codes zufällig ergeben und welche mit Absicht gelegt sind – als bewusste Irreführung im Spiel um Inklusion und Exklusion. Zudem liegt in der ständigen Modifizierung der Profile, dem Zu- und Wegladen von Bildern, Links und Texten eine Dynamik, die den User nur schwer dingfest machen lässt.

Es bedarf einer intensiven und beinahe intimen Auseinandersetzung mit den Akteuren, um dahinter zu kommen, wo sich in den Ausdruckssprachen

Beliebigkeit von subkultureller Spezifikation unterscheidet und wo falsche Syntax oder die Umdeutung und Kombination von Symbolen Teil einer spezifischen jugendkulturellen Ausdruckssprache sind.

Das zeigt sich eindrücklich in der Gestaltung der Profile und bei den Usernamen. Sie heissen «cro-pimp-niki-aka-hot-sauce», «XBX_da_real_shipi_style», «PRINCE_VLADI» oder «LoREnA__LoVeR». Geschrieben wird in einem Mix aus Deutsch, Jugendsprache («Balkanslang») und Englisch. So wie die fünfzehnjährige Schweizerin «jasiiH_____», die auf ihrem Profil schreibt «Deiin Freund Nennt Mijch Shadz».[14] Oder wie die typographisch verquirlte Botschaft der achtzehnjährigen Kosovarin «__CaCa_»: «ℓazz ∂ιє ηєι∂єя ηєι∂єη υη∂ ∂ιє нαssєя нαssєη – ωαs ɢσττ мιя ɢαв мυss мαη мιя ℓαssєη [*•".sαɢ ηιι¢нт ∂υ κєηηsт [•мιι¢н•].. ηυя ωєιℓ ∂υ мєιηєη [•ηααмєη•] κєηηsт..!! "•*»[15]

Implizites Wissen, explizites Zeigen

Die Beliebtheit von Netlog, Meinbild oder Tagged liegt aber nicht primär in der sprachlichen, sondern in der bildbasierten Kommunikation und Interaktion, wenn auch geschriebene Sprache in Form von Comments zu den Bildern oder als Statements in Guestbooks von elementarer Bedeutung ist. Sie bezieht sich aber (fast) immer auf den *visuellen* Auftritt der User – auf Bildmotive und das Bilddesign. Netlog zeigte sich dabei als die gegenwärtig bevorzugte Plattform der befragten Jugendlichen. Die Aktivitäten auf Netlog werden aber oft ergänzt durch Chatservices, zumeist MSN. Im Gegensatz zu Netlog steht dabei die Privatheit der Kommunikation im Vordergrund. Wer sich auf Netlog Vertrauen verdient und mit den richtigen Comments auszeichnen kann, darf mit dem Zugang zum privaten MSN-Chat rechnen. Diese Vertrautheit lässt sich allerdings nur über die Authentizität bildlicher Darstellungen herstellen: Wer kein Profilfoto hat oder keines, das den formalen Ansprüchen zu genügen vermag, hat kaum Chancen sich im Netz zu profilieren. User ohne Benutzerbild stehen sowieso unter generellem Verdacht unlauterer Absichten *(Abb. 5, 6)*: «wenn ich so Bilder wie die zwei sehe, dann lehne ich (die Freundschaftsanfrage) meistens ab. Weil ich sehe nicht ob das Pädophile sind oder was auch immer.»[16]

---

14 Gefunden am 19.05.2010, auf: http://de.netlog.com/jasiiH_____

15 «Lass die Neider neiden und die Hasser hassen – was Gott mir gab muss man mir lassen. [...] Sag nicht du kennst mich, nur weil du meinen Namen kennst!!» Gefunden am 19.05.2010, auf: http://de.netlog.com/__CaCa_

16 Interviewausschnitt mit S.J., Vertiefungsphase II, Gruppe A – Bülach.

«Wenn einer hässlich ist und einen **geilen Style** hat, nimmt man ihn automatisch an. Er ist einfach ‹sauber›.»

Abb. 5   Abb. 6

Ähnliche, wenn auch anders gelagerte Vorbehalte gelten gegenüber Bildern, auf denen der User ungenügend erkennbar ist – zum Beispiel durch das «Über-blitzen» des Gesichts auf einem Selbstportrait *(Abb. 7)*. Ob der User einen «sexy body» hat, wird dabei zur Nebensache: «Ja wer weiss, vielleicht hat sie nicht so ein hübsches Gesicht. Man könnte jetzt reinfallen und sagen ‹wow, schöner Körper!›, danach trifft man sie und dann ‹oh nein, ist voll nicht mein Typ› und so. Das finde ich voll nicht gut. Das ist eben das Problem, wenn man beim Spiegel die Fotos macht.»[17] Die Inklusions- und Exklusionsprozesse der Communities funktionieren also nicht nur über die «richtige» Verwendung visueller und sprachlicher Codes, sondern ebenso über die Wahl der angemessenen Bild-motive und Bildtypen und die Machart der Bilder. An den Bildern machen die User für ihre «Freundschaft» entscheidende Charakterzüge fest, zum Beispiel Authentizität oder Aufrichtigkeit. Wer sich als Bluffer erweist, ist genauso ab-geschrieben wie diejenigen, die ihr Gesicht nicht zu erkennen geben.

Abb. 7

Auf einer Metaebene der Rezeption und Bewertung wird in der Community noch ein weiteres Selektions- und Bewertungskriterium wirksam, das den Zugang zur Netzgemeinschaft (und darüber hinaus zum Alltagsleben) öffnen oder verschliessen kann. Wer «Style» hat, wird nicht nur akzeptiert und be-wundert, ihm werden auch positive charakterliche Eigenschaften unterstellt:

---

17   Interviewausschnitt mit P.S., Vertiefungsphase II, Gruppe B – Bülach.

«Ein Hässlicher, der Style hat, würden viele annehmen, weil er Style hat. [...] Wenn einer hässlich ist und einen geilen Style hat, nimmt man ihn automatisch an. Er ist einfach ‹sauber›.»[18]

Wer hingegen ohne «Style» den Cyberspace durchwandert, wird übersehen oder gar gemieden. Ungenügendes ästhetisches Bewusstsein und falsche Selbsteinschätzung lassen den User bei denjenigen in Ungnade fallen, die für sich Urteilsvermögen beanspruchen. Die Kriterien dafür sind szenenspezifisch und diskreditieren ebenso User aus der eigenen wie aus differenten Jugendlichengruppen. Wer in der Emo-Szene ein Star ist, ist für die statutsbewussten «Balkaner» genauso inakzeptabel (Looser) wie User aus der eigenen Szene, die Gangster-Attitude und nationalen Chauvinismus kultivieren statt sich dem Hedonismus des globalen Mainstreams hinzugeben: «Letzthin habe ich das Profil von einem Typen angeschaut, oh Gott! Als ich gelesen habe, was der geschrieben hatte, hat es in meinem Kopf schon abgeschaltet. Im Sinne von ‹scheissegal, scheiss auf Schule, scheiss auf dies, scheiss auf das›. Das löscht bei mir auch manchmal ab. Solche Typen kann ich nicht haben. Oder auch solche, die sich zu krass fühlen.»[19]

Was allerdings «Style» ausmacht, lässt sich weder von den Teenagern selbst noch in der Analyse stringent beantworten. Feststellen lässt sich: Style ist kein Synonym für das, was die Cultural Studies als den «Stil» einer Subkultur bezeichnen. Die Bezeichnung «Style» geht über die kategorische Festlegung und Feststellung einer bestimmten, einheitlichen oder gruppenspezifischen Ausdruckssprache hinaus. Wenngleich es diese Bedeutung auch gibt: Als Bezeichnung für die typisierte Ausdrucksform einer Gruppe (Balkan-Style, Skater-Style, Tekktonik-Style), aber auch für einen individuellen (Pink-Style) oder allgemeingültigen Kleidungs-Stil (Porno-Style, Regenbogen-Style, Junkie-Style)[20]. Im Gegensatz dazu lässt sich «Style» als ästhetisches Phänomen nicht alleine über die Kleidung, den Körper oder über die bevorzugte Gestaltung von Bildern festmachen – sondern erst in der Kreuzung unterschiedlicher, medialer ästhetischer und semantischer Dimensionen. Entscheidend dafür sind auch der Zeitpunkt und die mediale Form der Inszenierung, ob als Photographie, als Collage, oder in einem Clip auf Youtube. «Style» ist ein Konglomerat sematischer Überlagerungen und Durchdringungen, in dem sich die Ambivalenz der Codes auf magische Weise konzentriert.

---

18 Interviewausschnitt mit S.J., Vertiefungsphase II, Gruppe A – Bülach.

19 Ebd.

20 Bezeichnungen aus einem Interview, Vertiefungsphase II, Gruppe A – Bülach.

Netlog, Facebook, ...

Netlog ist eines der gegenwärtig bedeutendsten Sozialen Netzwerke überhaupt. Sein Erfolg ist stark in den umfassenden Möglichkeiten zur visuellen Artikulation von Identität und Zugehörigkeit begründet. Die Prozesshaftigkeit und Unverbindlichkeit der technisch konfigurierten Artikulationsprozesse entsprechen in mancherlei Hinsicht dem adoleszenten Bedürfnis nach ständiger Re- und Neukonfigurierung der eigenen Identität.

Auf Netlog werden Bilder laufend zu- und weggeladen, aktuelle Ereignisse und Errungenschaften werden in Szene gesetzt, photographiert und ins Profil eingespeist. Bei Bedarf wird gelöscht, ergänzt, umbenannt und kommentiert. Die digitale Identität wird entsprechend der aktuellen Tagesform und entlang dem Selbstbild der Jugendlichen ständig neu austariert, aufdatiert und rekombiniert.

Das mediale und ästhetische Mit- und Nebeneinander unterschiedlicher globaler und lokaler Referenzen durch Bilder, Symbole, Links, Videos etc. macht Netlog gerade auch für Jugendliche interessant, die im «Dazwischen» und «Sowohl-als-Auch» der Kulturen und Lebensstile ihre Identifikationen erproben und mit Identitäten spielen wollen: Die oft als starr erlebte Ordnung von Herkunftsfamilie, Aufnahmekultur und Jugendlichengruppe lässt sich in den Bildwelten von Netlog neu organisieren und bewerten. Die Bricolage aus unterschiedlichen ästhetischen und medialen Codierungen und Bezugnahmen visualisiert die Topographie individueller und kollektiver Erfahrungen, Imaginationen und Narrative.

Zusätzlich attraktiv werden Netlog & Co. dadurch, dass auf visuelle Artikulation ausgerichtete Soziale Netzwerke bei der Kompensation etwaiger sprachlicher Schwierigkeiten helfen: Auf Netlog ist Visualität das Primat sozialer Interaktion. Dass sich bevorzugt jüngere User auf Netlog bewegen und mit steigendem Alter und sozialem Status (wie dem Eintritt ins Berufsleben) den «Spielplatz» Netlog verlassen und ihre Online-Kommunikation auf Facebook verlegen, ist auch dafür symptomatisch. Die Netlog-Userin «___DELUXEBUNNY» schreibt dazu auf ihrer Startseite: «SHEISS UF NETLOG. FACEBOOK.BEESHDE!» Und (noch) Netlog-User «pAvKe__» ergänzt: «!!! Ab ez im Facebook !!!»[21]

---

21 Gefunden am 08.10.2009, auf: http://de.netlog.com/pAvKe__
    Sechs Monate später hat der User nicht nur seinen Nickname in «nidza__» geändert,
    auch seine Ansage hat sich verschärft: «Fuck uff Netlog , Facebook isch besser».
    Gefunden am 16.03.2010, auf: http://de.netlog.com/nidza__

Ausblick

Die obigen Ausführungen geben einen Einblick in die medialen, ästhetischen und sozialen Dimensionen, in denen Visualität als Teil der Alltagskommunikation von jugendlichen Ausländern und Secondos zum Tragen kommt und die an der Konstruktion von Identität und Identifikation beteiligt sind. Wichtig ist dabei die Betonung der Gleichzeitigkeit der unterschiedlichen Dimensionen. Wichtig ist auch der Hinweis auf die Dynamiken und Unsicherheiten in Deutung und Verortung, die visuellen Prozessen wesentlich zugrunde liegen – bei Bildern genauso wie bei scheinbar alltäglichen Codes. Den Unsicherheiten zum Trotz halten die folgenden Punkte zentrale Thesen fest, die ein «anderes» Verständnis von visuellen Phänomenen im Kontext von Migration und Identität proklamieren:

- Jugendliche aus den Ländern und Regionen des ehemaligen Jugoslawien prägen das Bild der Jugend entscheidend mit und sind stilprägend für gegenwärtige Ausdrucksformen des Teenager-Mainstreams.
- Visuellen Prozessen kommt dabei eine zentrale Rolle zu: Als Gestaltungsprozesse der Oberflächen, des Körpers und der Lebensstile sind sie genauso mitverantwortlich für die Ausbildung von Gruppenidentitäten wie für den Entwurf individueller Identitäten.
- Vor dem gemeinsamen Hintergrund von Diaspora und Migrationserfahrung formulieren Jugendliche aus den Ländern und Regionen des ehemaligen Jugoslawien – aber auch aus anderen südosteuropäischen Ländern – eine eigenständige visuelle Ausdruckssprache. Sie bedienen sich dabei unterschiedlicher Codes aus den Jugendkulturen, der globalen Popkultur und der jeweiligen Herkunftskultur.
- Die Inszenierungsqualität der Jugendlichen ist primär bedingt durch den sozialen und ökonomischen Hintergrund ihrer Familie. Was auf den ersten Blick als ein kulturelles Phänomen gelesen wird, ist oft nicht der kulturellen Zugehörigkeit, sondern der sozio-ökonomischen Situation der Herkunftsfamilie geschuldet.
- Die Jugendkultur der «Balkaner» bezieht sich auf jugendkulturelle Codes, die einerseits die Kompensation des fehlenden Status ermöglichen, und die andererseits nicht im grundsätzlichen Widerspruch zu den Rollenbildern des Elternhauses stehen.
- Bildbasierte Soziale Netzwerke wie Netlog funktionieren dabei als Handlungsraum für den Entwurf und die Erprobung von Identität und Zugehörigkeit. Die Auseinandersetzung mit kultureller Herkunft und nationaler

Zugehörigkeit findet dabei über jugendkulturelle Inklusions- und Exklusionsprozesse statt.

– Die visuelle Selbstrepräsentation in den Sozialen Netzwerken unterscheidet sich von der Kommunikationspraxis im Alltag: Die Unverbindlichkeit des Internet erlaubt es den Jugendlichen, sich ohne den Druck von Berufswelt und Elternhaus mit Fragen von Zugehörigkeit, Kultur und Geschlecht auseinanderzusetzen und ihre eigenen thematischen Schwerpunkte zu setzen.

Die Bedeutung der Prozesshaftigkeit und Uneinholbarkeit von Identität und Identifikation ist auch Thema der weiteren Text- und Bildbeiträge. Vor dem Hintergrund der vorangegangen Betrachtungen vertiefen und kommentieren die Beiträge Aspekte und Zusammenhänge von Visualität, Migration und Identität. Gemeinsam ist ihnen das Anliegen, durch Information und Kontextwissen zu einem reflektierten Umgang im nicht immer konfliktfreien Feld von Visualität und Kultur beizutragen.

Bibliographie

John Clarke et al. (2006): *Subcultures, cultures and class.* In: Stuart Hall / Tony Jefferson (Hrsg.) (2006, erste Auflage 1975): *Resistance through Rituals. Youth subcultures in post-War Britain.* London, Routledge, S. 3–59.

Boris Groys (2008): *Die Pflicht zum Selbstdesign.* In: ders.: *Die Kunst des Denkens.* Hamburg, Hanser, S. 7–24.

Stuart Hall (1999): *Kulturelle Identität und Globalisierung.* In: Rainer Winter / Karl H. Hörning (Hrsg.): *Widerspenstige Kulturen. Cultural Studies als Herausforderung.* Frankfurt am Main, Suhrkamp, S. 393–441.

Tom Holert (2008): *Regieren im Bildraum.* Berlin, b_books.

Beat Schneider (2009): *Design – eine Einführung. Entwurf im sozialen, kulturellen und wirtschaftlichen Kontext.* Basel, Birkhäuser.

VISUAL ATTITUDE

Zusammengestellt von Christian Ritter
Photographien: Netlog.com, meinbild.ch, mypix.ch, tilllate.ch, Anne Morgenstern,
Teilnehmende des Forschungsprojekts

Die Inszenierung von Identitäten zwischen popkultureller Orientierung und jugendkultureller Credibility ist ein visuelles Ereignis. Das Zurschaustellen von Originalität und Zugehörigkeit, von Besitzen und Begehren ist dabei immer auch eine Frage der sinnlichen Darstellung: von Style und Styling, der perfekten Pose und dem perfekten Bild. Als visueller Kommentar zum Geschehen zeigt die Bildstrecke *Visual Attitiude* Bilder unterschiedlicher Machart und Herkunft: von Selbstportraits und Collagen aus dem Internet über professionelle Photographien bis zu den Bildern, welche die Jugendlichen für das Forschungsprojekt produziert haben.

Forschungsprojekt «Migration Design»

Forschungsprojekt «Migration Design»

Forschungsprojekt «Migration Design»

www.mypix.ch

www.meinbild.ch

Forschungsprojekt «Migration Design»

www.netlog.com

www.tilllate.ch

www.meinbild.ch

Anne Morgenstern

Forschungsprojekt «Migration Design»

www.meinbild.ch

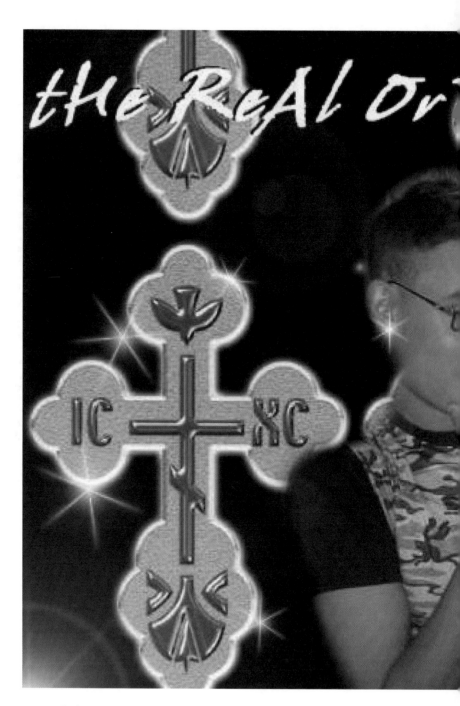

the ReAl Or

IC XC

www.mypix.ch

Forschungsprojekt «Migration Design»

Anne Morgenstern

Forschungsprojekt «Migration Design»

www.meinbild.ch

LACOSTE

www.meinbild.ch

www.netlog.com

www.netlog.com

Anne Morgenstern

Forschungsprojekt «Migration Design»

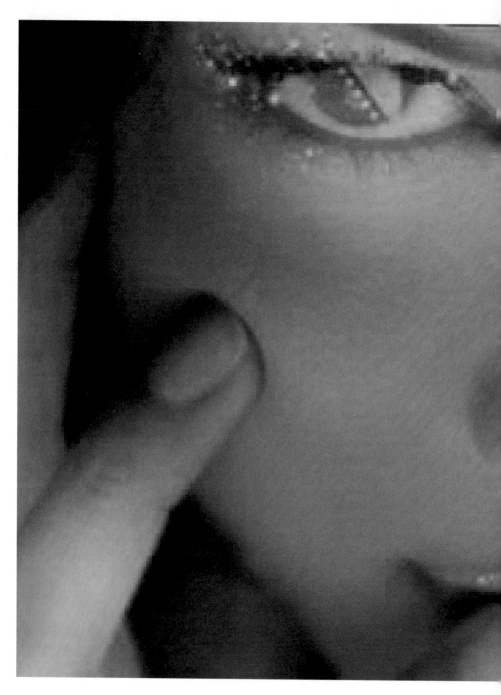

www.meinbild.ch

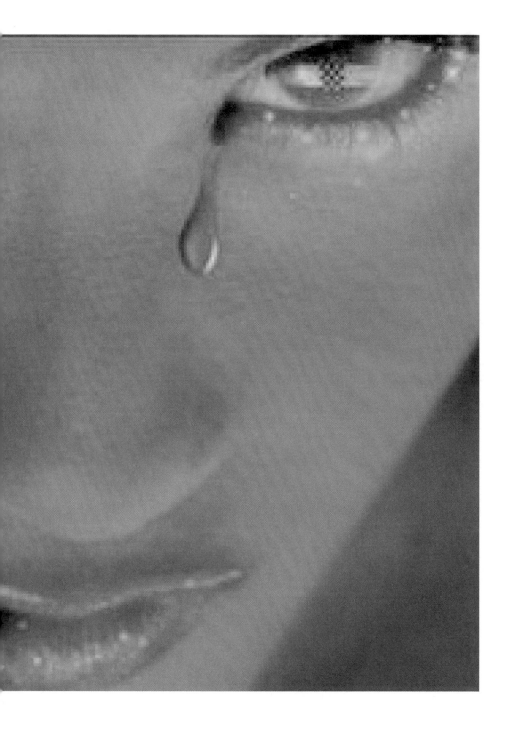

www.netlog.com

Cyber-shot

tilllate.com

www.tilllate.ch

«WER BIN ICH?»
IDENTITÄTEN UND RESSOURCEN

Gabriela Muri

Jungsein ist heute zu einer Bewährungsprobe in einem *Feld der Mehrdeutig-keiten* geworden. *Zum einen* erleben Jugendliche in der Gegenwart – so unter-schiedlich die sozio-ökonomischen und kulturellen Voraussetzungen auch sind – gemeinsame Bedingungen des Aufwachsens: Dazu gehören Entwicklungen wie Globalisierung und Enträumlichung, Mediatisierung und Digitalisierung, Kommunikationsdichte und die Expansion von Konsummärkten, um nur einige Stichworte zu nennen.[1]

Auf der *anderen Seite* stehen die Auflösung traditioneller Familienformen und Wertvorstellungen, Individualisierung und Pluralisierung. Sie sind mit einem beispiellosen kulturellen Wandel[2] verbunden, der nach neuen Ant-worten im Umgang mit biographischen Orientierungslinien, Werthorizonten und Identitätsbausteinen verlangt. Kulturwissenschaftliche Jugendforschung befasst sich innerhalb dieser Spannungsfelder mit den komplexen Lebens-welten der Jugendlichen und untersucht «ihr Selbstverständnis, ihre Strate-gien und ihre Deutungen in Relation zu anderen gesellschaftlichen Handlungs-feldern».[3]

---

1   Vgl. Wilfried Ferchoff (2007), S. 9–12.
2   Vgl. Franz Schultheis, Pasqualina Perrig-Chiello, Stephan Egger (Hrsg.) (2008), S. 9–11.
3   Gisela Unterweger, Katrin Kalt (2004), S. 79.

Kulturelle Identität als Prozess des Aushandelns und Bewertens

Im Projekt «Migration Design» fragen wir danach, wie Identität sich in einem multikulturellen Umfeld gestaltet und welche Einflüsse im besonderen in Bezug auf Visualität und Integration in die Berufswelt wirksam werden:[4] Wie gehen Jugendliche damit um, dass sie aus soziokulturell unterschiedlichen Feldern stammen, unter welchen Umständen wird ihre Herkunft zur Last und wann zur Ressource? Wie bewältigen sie die Herausforderung, mit den von Widersprüchen geprägten Wertvorstellungen in der Familie, mit der Schule, dem Einstieg in die Berufswelt, der Gleichaltrigengruppe und der Freizeit umzugehen? Welche Ressourcen stehen ihnen dabei zur Verfügung und welche entwickeln sie weiter? Welche Rolle spielen dabei virtuelle Netzwerke und visuelle Ausdrucksmittel?

Für Jugendliche im Alter zwischen vierzehn und zwanzig Jahren sind Fragen der Identität von existentieller Bedeutung.[5] Jugendliche eignen sich in ihrem Alltag kulturelle Symbole und Systeme an, um sich in ihrem sozialen Umfeld zu behaupten und zu einer akzeptablen Position zu gelangen. Kulturelle Identität ist primär gelebte Alltagspraxis und entwickelt sich in Prozessen des Aushandelns und Bewertens. Kulturelle Identität wird vor diesem Hintergrund nicht nur als Konzept kognitiv relevant, sondern sie findet ihren Ausdruck im alltäglichen Handeln und in sozialen Interaktionen zwischen Menschen[6] – in der Freizeit wie in der Arbeitswelt. Dabei spielen gerade bei Jugendlichen aus multikulturellen Milieus unterschiedliche Einflussfaktoren eine Rolle. Wertvorstellungen des Elternhauses und der Einwanderungsgesellschaft klaffen oft weit auseinander und überlagern sich mit Einflüssen aus der Peer-Group, aus der Medien- und Konsumkultur und seit einigen Jahren mit Aushandlungsprozessen unter Gleichaltrigen im Web 2.0.

Problematik des Forschungsansatzes

Um diesen Fragen nachzugehen, haben wir einen kulturwissenschaftlich orientierten, lebensweltlich-ethnographischen Zugang gewählt, der im Forschungs- wie Interpretationsprozess eng mit visuell orientierten Verfahren verknüpft ist. Dem in der Migrationsforschung verbreiteten problemorientierten Ansatz

---

4   Vgl. dazu auch Gisela Unterweger (2002), insb. S. 153–157.
5   Ebd., S. 8.
6   Vgl. dazu ebd., S. 153–157.

stellen wir bewusst eine Perspektive gegenüber, die Aushandlungsprozesse und visuelle Formen der Selbstdarstellung im Web 2.0 als *Ressource und als Feld des Kompetenzerwerbs* behandelt. Ohne Zweifel spielt Visualität bei Jugendlichen heute eine zentrale Rolle: als Kommunikationsmedium, Mittel der Selbstdarstellung, als Kompetenz und Ressource. Die Alltags- und Medienkultur(en) der Migrantenjugendlichen sollen jedoch nicht als dominante Kategorie behandelt werden, sondern in übergreifende strukturelle, soziale und kulturelle Voraussetzungen der Alltagswirklichkeit eingebettet werden.

Auch Visualität darf nicht «kulturalisiert» werden im Sinne einer Ethnisierung von äusseren, «sichtbaren» Merkmalen. Vielmehr muss sie als (sub-) kulturelle Ressource vor dem Hintergrund alters- und milieuspezifischer Voraussetzungen betrachtet werden. Sie schafft Bedeutungsfelder, begleitet Integrations- und Ausschlussprozesse, die Aushandlung und Zuschreibung von Differenzen und Differenzierungen. Jugendliche aus Migrationskontexten verfügen zwar über unterschiedliche bildungsmässige, soziale und kulturelle Ressourcen. Dennoch gibt es gerade in Bezug auf Mediennutzung einzelne empirische Befunde, die auf gemeinsame Bedingungen schliessen lassen:[7]

– Jugendliche mit Migrationshintergrund haben ein grösseres Rezeptionsspektrum und nutzen verschiedene Ressourcen: Medien aus dem Herkunftsland, globale Medienangebote, Medienangebote aus dem Einwanderungsland;

– Medienkulturelle Mehrfachzugehörigkeit wird auf sprachlicher wie auf nicht-sprachlicher Ebene zum Ausdruck gebracht;

– Medienangebote sind Bestandteil von Orientierungs- und Identitätsbildungsprozessen und verlaufen phasenbezogen-temporär: «[Der] Kommunikationsraum Internet wird von vielen Jugendlichen als translokaler und jugendkultureller Raum zur Selbsterfahrung und Auseinandersetzung mit Anderen aufgesucht, wobei ähnliche Sozialisationserfahrungen und sozio-kulturelle Zugehörigkeiten zu intensiveren Formen der Internetkommunikation führen (Austausch über Erfahrungen aus kulturellen Mehrfachzugehörigkeiten).»[8]

– Nicht-sprachliche Ausdrucksformen enthalten bei Projekten interkultureller Kommunikation mit Medien grosse Potentiale für Formen transkultureller Kommunikation.

---

7 Vgl. Horst Niesyto (2007), S. 14 sowie Kai-Uwe Hugger, Dagmar Hoffmann (2006); Heinz Bonfadelli, Heinz Moser (2007); Horst Niesyto, Peter Holzwarth, Björn Maurer (2007).

8 Horst Niesyto (2007), S. 14.

Dabei steht bei allen Differenzen und Differenzierungen die Forderung im Raum, Integration als «Chancengleichheit» und «Partizipation» im Sinne sozialer, ökonomischer, politischer und kultureller Rechte zu verstehen.[9]

Kulturelle Identität:
Theoretischer und gesellschaftlicher Hintergrund

In unserem Projekt werden zwar Tendenzen hin zu einer Kulturalisierung von Identität möglichst vermieden, dennoch begleiten die verschiedenen theoretischen Konzepte und Fragen nach kultureller Identität unser Forschungsvorhaben – dies auch deshalb, weil die Jugendlichen selbst sich auf kulturell fassbare Identitätsmerkmale beziehen. Es können und sollen in diesem Artikel nicht die Theorien kultureller Identität umfassend aufgerollt werden, sondern unser Ansatz und unsere Sichtweisen sollen im Folgenden in einen theoretischen Rahmen eingeordnet werden:

Während Theorien der kulturellen Assimilation von der Auflösung der ursprünglichen Identität ausgehen und Theorien der kulturellen Integration eine partielle Anpassung von Identitätsmerkmalen voraussetzen, gehen jüngere Ansätze von einem flexibleren Konzept aus, das sich nicht so sehr an einer Dichotomie «Herkunfts- und Einwanderungskultur» festsetzt. Damit soll u.a. vermieden werden, dass eine vermeintlich einheitliche «Herkunfts- oder Einwanderungskultur» postuliert wird. Die Konzepte des Multikulturalismus entsprechen einem gegenwärtigen Verständnis kultureller Identität viel eher. Sie gehen davon aus, dass grosse Anteile der ursprünglichen kulturellen Identität beibehalten werden können:

> *«Vertreter des Multikulturalismus wie zum Beispiel John Rex, Charles Taylor, Daniel Cohn-Bendit oder Claus Leggewie fordern, dass endlich eine tiefgreifende Berücksichtigung und Respektierung der Herkunfts-kulturen von verschiedenen ausländischen Gruppierungen im gesellschaftlichen Kontext stattfinden soll.»*[10]

«Multikulturalismus» kann einerseits als «gesellschaftlicher Zustand» bezeichnet werden, der durch das Koexistieren verschiedener Ethnien definiert werden kann. Gerade die ethnische Zuordnung von «Kultur» bereitet jedoch

---

9   Vgl. Sabine Hess, Johannes Moser (2009), S. 12.
10 Gisela Unterweger (2002), S. 25.

den Kritikern des Ansatzes erhebliche Schwierigkeiten, indem «das Fremde» im Bild einer ethnisch differenzierten multikulturellen Gesellschaft immer wieder neu konstruiert wird.[11] Sowohl die Befürworter als auch die Gegner des Multikulturalismus-Ansatzes möchten eine selbstverständliche Akzeptanz von ethnischen Minderheiten erreichen, sind sich jedoch uneinig, ob Unterschiede hervorgehoben oder vernachlässigt werden sollen. Ein Dilemma, dem sich auch die vorliegende Untersuchung nicht entziehen kann. So nimmt sie einerseits ethnisch begründete Zuordnungen durch die Auswahl der Untersuchungsgruppe vor, andererseits wenden die Jugendlichen selbst die Bezeichnung «Balkaner» als ethnisch interpretierbares Unterscheidungskriterium an. Wir betrachten zwar die Bezeichnung «Balkaner» als Zuschreibungskategorie im Kontext jugendkultureller Differenzierungsprozesse – ähnlich wie sie bei Hip-Hoppern, Skatern usw. verwendet wird. Dass diese Kategorien jedoch auch im gesellschaftlichen Kontext wie im Alltagsgebrauch der Jugendlichen nicht von ethnisch wie sozial relevanten Vorurteilen und Bewertungsmustern zu trennen sind, wird sich anhand der vorgestellten Ergebnisse aufzeigen lassen.

«Kulturelle Identität» als Begriff und Zuordnungskategorie ist Teil ideologischer Debatten und wird dann problematisch, wenn sie mit einem statischen Kulturbegriff operiert und Vereinheitlichung anstrebt, obschon es um Differenzen und Differenzierungen geht.[12] Identität entsteht immer im Verhältnis zu anderen Menschen und so ist auch «kulturelle Identität» als Element von Aushandlungs- und Zuschreibungsprozessen zu verstehen. Die Begriffe der «Kreolisierung» und «Hybridität» versuchen denn auch, Differenzen im Sinne von sich überlagernden, verändernden und nicht dichotomen Zuschreibungskategorien zu verwenden. Die Komplexität und Dynamik der Identitätskonstruktion und ihrer sozialen Bedingungen stehen im Vordergrund. Dies entspricht letztlich auch einem modernen Identitätsbegriff, der Identitätsarbeit als evaluativen Prozess beschreibt, in welchem eine Person Erfahrungen integriert und interpretiert. Dazu gehören biographische und alltägliche Erfahrungen, die selektiv zu einem Identitätsgefühl verdichtet werden, wie auch die Reflexion situationaler Selbsterfahrungen und deren Integration in Teilidentitäten. Identitätsarbeit sollte schliesslich zu Handlungsfähigkeit in den verschiedenen Alltagsfeldern führen – in der Familie wie in der Peer-Group, in der Schule wie im Beruf, im Kontext gesellschaftlicher Voraussetzungen, Ressourcen und Kommunikationsmedien:

---

11 Gisela Unterweger (2002), S. 26–27 im Rückgriff auf Frank-Olaf Radtke (1991).

12 Vgl. ebd., S. 35–43.

«Das Ergebnis der Integration selbstbezogener situationaler Erfahrungen ist ein Bild des Subjektes von sich selbst, in dem viele Facetten seines Tuns übersituative Konturen erhalten. In unserem Modell sprechen wir von Teilidentitäten.»[13]

So kann die Erlangung einer beruflich orientierten Teilidentität im Beispiel der von uns befragten Jugendlichen prekär werden, indem Projekte und Lebensentwürfe ständig scheitern, jedoch können situative Selbstthematisierungen im Internet über visuelle Formen der Selbstrepräsentation zu positiven Erfahrungen einer anders gelagerten Teilidentität führen.

Die Zwiespältigkeit und Komplexität der Thematik lässt sich letztlich nicht auflösen. Sie ist von theoretischen Schwerpunktsetzungen – in unserem Projekt den Debatten über die Bedeutung von Visualität und Selbstrepräsentation bei Jugendlichen –, von sozialen Voraussetzungen wie den methodischen Zugriffen nicht zu trennen. Exemplarisch soll dies am Beispiel der bereits erwähnten Untersuchung von Gisela Unterweger in einem sogenannt «multikulturell» geprägten Umfeld einer 2. Realschulklasse nachgezeichnet werden.[14] Migrantenjugendliche durchlaufen ähnliche Sozialisationsprozesse wie andere Jugendliche: Sie orientieren sich an Gleichaltrigengruppen, konsumieren ähnliche Medien und wirken aktiv mit an der Konsens- und Differenzproduktion innerhalb der Gruppen. Die Bildung von sprachlich und kulturell homogenen Gruppen entlang nationalstaatlicher Grenzen lässt sich daher nicht beobachten. Von mangelnder Integration betroffen waren in der untersuchten Klasse nicht SchülerInnen ausländischer Herkunft, sondern soziale AussenseiterInnen. Migrantenjugendliche als RepräsentantInnen einer ausländischen Unterschicht erhalten jedoch auf verschiedenen gesellschaftlichen Ebenen oft geringe Anerkennung. Als Konsequenz daraus zählen sich die Jugendlichen einerseits zur Gruppe der Ausländer – sie werden ja so oder so aufgrund stereotyper Merkmale dieser Gruppe zugeteilt. Gleichzeitig legen sie Wert darauf, nicht diesen Stereotypen zugeordnet zu werden, und äussern Bedenken in Bezug auf die Lehrstellensuche mit Konsequenzen für die Identitätsentwicklung. Auch hier zeigen sich unterschiedlich wirksame Dimensionen der Selbst- und Fremdzuschreibung, die sich im Rahmen der Alltagskommunikation unter Jugendlichen analytisch letztlich nicht auseinanderdividieren lassen.

Unterweger stellt vor allem Felder der Gemeinsamkeiten fest, etwa Konsum, Kommunikation, Styles. Andere Untersuchungen gehen jedoch davon aus,

---

13   Heiner Keupp et al. (1999), S. 215–219.
14   Vgl. Gisela Unterweger (2002), insb. S. 153–157.

dass eine mangelnde soziale Integration eine Re-Ethnisierung und spezifische «ethnische Solidarität» zur Folge haben kann.[15] Eine Folge davon ist, dass Freunde vor allem in der Herkunftskultur gesucht werden.[16] Unterweger stellt dies nicht fest, allenfalls gebe es Freizeitgruppen, die aus Immigrantenjugendlichen bestünden, jedoch aus verschiedenen Kulturkreisen. Gräben innerhalb der Klasse ergeben sich vielmehr in Bezug auf Musikvorlieben zwischen Hip-Hop, R'n'B, Techno und House. Unter den Jugendlichen wird jedoch gerade Hip-Hop mit einer aggressiven Rhetorik, mit unterprivilegierten Schichten, Drogen, Jugendkriminalität und Bandenkriegen in Zusammenhang gebracht. Hip-Hopper gelten als böse Jungs, die andere terrorisieren und mit Jugendlichen aus Nachfolgestaaten des ehemaligen Jugoslawien in Verbindung gebracht werden. Mädchen hingegen werden hinsichtlich ihres körperbetonten Hip-Hop-Stylings von den Eltern kritisiert. Über Kleider wird jedoch in der Klasse von Unterweger weniger verhandelt, sie gehören zur kulturellen Grundausstattung einer Position, die man sich erkämpft hat.[17] Unterweger sieht bezüglich Musik- und Kleidungsstil die offenkundigsten Diversitäten, jedoch zuerst auf Geschlecht, die soziale Stellung in der Klasse und marginal auf die Herkunft bezogen. Oft steht die Haltung der Eltern vor dem Hintergrund einer bemühten Integration, weshalb sie den Kindern raten zu sagen, dass sie eher und gerne Schweizer seien und dass sie keinen Hip-Hop hören, obwohl die Jugendlichen dies anders einschätzen. Auch die Medienberichterstattung über kriminelle Albaner wird als stigmatisierend wahrgenommen:

> «Die Zuschreibungen von nationaler Zugehörigkeit aber konstruieren eine Differenz, ein Anderssein, welches sich allein auf die Tatsache beruft, dass die Eltern [...] einst eingewandert sind. Hier wird eine Dichotomie geschaffen [...] die äusserst wirksam und resistent ist, deren lebenspraktische Umsetzung aber in keinem Verhältnis zu der zugeschriebenen Bedeutung steht. Mit dieser Dichotomisierung stehen die Jugendlichen natürlich nicht alleine da. Sie spiegeln damit Zuschreibungen, die in alltäglichen Konzepten fest verankert sind, verschiedene Mythen, die sich im Zusammenhang mit Menschen ausländischer Abstammung entwickelt haben.»[18]

---

15 Vgl. die von Gisela Unterweger (2002), S. 71 diskutierte Literatur: Karmela Liebkind (1989), S. 35; Annemarie Sancar-Flückiger (1996), S. 29; Tommaso Morone (1997), S. 37–39.

16 Vgl. Berrin Özlem Otyakmaz (1995) sowie Interviewausschnitte in Gisela Unterweger (2002), Kap. 4.

17 Vgl. Gisela Unterweger (2002), S. 71–100.

18 Ebd., S. 152–153.

Unterweger betont denn auch, dass «Herkunftskulturen» nicht einfach mitge-
tragen werden, sondern Orientierungsfunktion und Gebrauchswert erhalten,
die auf soziale und strukturelle Voraussetzungen der Migrationserfahrung bezogen sind. Dabei ist zu beachten, dass die Spannweiten der Werte zwischen
Ländern desselben Kulturkreises mit ähnlichen Werteprofilen sehr gross sind.[19]
Migrantenjugendliche verfügen über kulturelle Ressourcen der Herkunftskultur,
die sich in Rückbezügen zeigen: Sprach- und Essverhalten, Musikgewohnheiten,
aber auch abstrakte identifikatorische Positionierungen. Die Zuordnungen zu
«SchweizerInnen» und «AusländerInnen» orientieren sich an sozialen Faktoren
und Fremdzuschreibungen, nicht am Grad der kulturellen Angleichung, der
sich in der alltäglichen Lebenspraxis zeigt.

Zusammenfassend muss betont werden, dass «kulturelle Identität» nicht
von Geburt oder durch ethnische Zugehörigkeit bestimmt wird, sondern als
fortschreitender Prozess in jeder alltäglichen Handlung im Austausch mit anderen Menschen wieder (neu) konstruiert wird. Subjekte sind darauf angewiesen,
dass sie in den für die Identitätsarbeit charakteristischen «Selbsterzählungen»
von Kommunikationspartnern unterstützt werden. Gleichzeitig erhält diese
Bestätigung der eigenen Sichtweisen nicht nur situativ Relevanz, sondern ist
in gesellschaftliche Machtverhältnisse eingebunden, die im Laufe der Sozialisation erfahren und vermittelt werden.

Selbstmanagement im Feld der Mehrdeutigkeiten: Verknüpfen – sich bewähren

Identität wird zwar einerseits als Kern der Persönlichkeit betrachtet, mit dem
Ziel, unverwechselbar und «man selbst» zu sein. Andererseits wird heute nicht
mehr von einer fixierbaren «gelungenen Identität»[20] ausgegangen, sondern
von Identitätsarbeit als permanentem Prozess.[21] Gerade das Feld der Mehrdeutigkeiten, in dem sich Jugendliche heute bewähren müssen, erfordert das
Verknüpfen von Identifikationsangeboten und «Teil-Identitäten» in besonderem
Masse.

Der spezifische Fokus unseres Projektes verdeutlicht in zweierlei Hinsicht
eine Verschärfung der Problematik dieser Verknüpfungsarbeit: einerseits im
Hinblick auf Trennendes und Verbindendes zwischen Elementen der Herkunfts-

---

19   Ebd., S. 124.
20   Vgl. Erik H. Erikson (1976).
21   Vgl. Heiner Keupp et al. (1999).

kultur und den im Einwanderungsland geltenden Normen und Wertvorstellungen, andererseits auf das Bewähren in Social-Networking-Sites. Erfahrungen in Familie, Schule, Beruf und Freizeit überlagern sich mit medial und in Net-Communities vermittelten Inhalten, bestätigen oder widersprechen dem bisher Erlebten. In diesem dynamischen Prozess der Selbsterfahrung wirken zeitlich, lebensweltlich und inhaltlich unterschiedliche Ebenen und Elemente zusammen, die ständig interpretiert und neu geordnet werden müssen. Die Vielfalt von Kontexten, Kontakten und Kommunikationsmöglichkeiten erfordert eine hohe Beweglichkeit der Einzelnen als Antwort auf die Pluralität von Lebensformen, Werten und Kulturen.[22]

Bei der von uns schwerpunktmässig untersuchten Gruppe von Jugendlichen stellt sich dabei besonders virulent die Frage, inwiefern und in welchen gesellschaftlichen Feldern ihre multikulturelle Kompetenz wie ihre Kommunikations- und Gestaltungsfähigkeiten im Netz als «Ressourcen-Reservate» genutzt werden können. Je nach Kontext und sozialem Netzwerk müssen die Jugendlichen daher ein anderes Teilselbst aktivieren:

«G.M.: Aber sonst sind Sie eher in gemischten Gruppen unterwegs, oder? N.E.: Nein, eher aus meinem Herkunftsland, aber nicht ausschliesslich. G.M.: Eher aus dem Herkunftsland, weil es in der Umgebung mehr hat, weil die Familie es möchte? N.E.: Nein, ich verstehe mich einfach besser mit diesen Leuten. Zum Beispiel die Schweizer, es ist eine andere Kultur als wir. Dann kommen sie zu mir nach Hause – ich weiss nicht, was sie denken, wenn mein Vater mich anschreit oder etwas macht ... Aber die aus meiner Kultur verstehen dann das, sie denken, ‹ah typisch Albaner›. Ich habe auch Schweizer und Italiener als Freunde.»[23]

Diese junge Frau fühlt sich sicherer unter Jugendlichen, die mit ihrem familiären Umfeld vertraut sind. Soziale Netzwerke als zentrale Elemente des sozialen Kapitals eines Menschen sind sowohl für den Ausdruck als auch die Wahrnehmung des Selbst entscheidend. Soziale Identität ist immer Wahrnehmung *und* Ausdruck des Selbst. Das Beispiel zeigt jedoch auch, dass negative Erfahrungen im sozialen Umfeld zur Abgrenzung führen können. D.h. Individuen entscheiden darüber, welches Teilselbst oder welche identitätsrelevanten Perspektiven jeweils aktiviert werden. In unterschiedlichen Netzwerken erlangen auch Lebensstile, Ideale, Moden eine bestimmte Bedeutung

---

22 Vgl. Helga Bilden (1997), S. 227.
23 Interviewausschnitt mit N.E., Vertiefungsphase II, Gruppe B – Oerlikon.

durch die positive Bewertung von signifikanten Anderen.[24] Gerade unter Jugendlichen erlangen diese eine besondere Bedeutung und Abweichungen können zur Ausgrenzung führen:

> *«Die AussenseiterInnen haben in der Klasse offensichtlich eine Funktion. An ihnen wird spürbar, was es bedeutet, ausserhalb des sozialen – und kulturellen – Netzes zu stehen, und tatsächlich gehen soziale Isolierung und kulturelle Andersartigkeit Hand in Hand. Corinne und Darek kleiden sich anders, als es der Klassennorm entspricht, Darek und Emanuel hören nicht die gleiche Musik, [...], Emanuel kann nicht über Fernsehsendungen sprechen und Corinne nicht über Jungen, gemeinsame FreundInnen und Parties – auf vielen Ebenen und bei vielen ‹Nebensächlichkeiten›, die den Alltag der Jugendlichen bestimmen, tut sich hier ein Graben auf.»*[25]

Hier erhalten Facebook und Netlog die Funktion eines besonderen *Social Net*, in dem Ausdruck und Wahrnehmung des Selbst auf spezifische Weise vorstrukturiert, aber auch gestaltbar sind. «Selbstnarrationen» kennzeichnen nach Keupp die Art und Weise, in der die Einzelnen Erfahrungen, Ereignisse, Bewertungen untereinander in einen Zusammenhang setzen: «Erzählend organisiert das Subjekt die Vielgestaltigkeit seines Erlebens in einem Verweisungszusammenhang.»[26] Die Erzählungen geben Antwort auf die Fragen: «Wer bin ich?», «Warum bin ich so, wie ich bin?». Sie machen Personen verstehbar und stehen immer in einem sozialen Kontext, in einem komplexen Prozess der Konstruktion sozialer Wirklichkeit.

«Kompetent über sich erzählen» – Selbstdarstellung auf Facebook und Netlog

Jugendliche stehen also vor der Aufgabe, in verschiedenen sozialen Netzen kompetent über sich zu erzählen, um eine bestätigende Antwort für die eigene Identität zu erhalten. Hierbei spielt der strategische Umgang mit Selbstdarstellung eine zentrale Rolle.[27] In diesen Erzählungen kann man sich als Akteur oder als Objekt darstellen, man kann die Positionen des Selbst als stabil, als

---

24 Vgl. Heiner Keupp (1999).
25 Gisela Unterweger (2002), S. 159.
26 Heiner Keupp (1999), S. 208.
27 Vgl. dazu Marco Amati (2010), S. 5–15.

regressiv oder als progressiv vermitteln. Gemäss Keupp tendieren Jugendliche zu progressiven Narrationen, in denen es zu einem dramatischen Auf und Ab kommt.[28] Die narrativen Konstruktionen funktionieren jedoch nur, wenn sie in bestimmten Kontexten Bestätigung erhalten. Die Jugendlichen müssen daher über Ressourcen verfügen bzw. diese weiterentwickeln, um kompetent über sich selbst erzählen zu können. Hier kommt dem Social Net als Kommunikationsmedium neben Peer-Group, Familie und Schule eine grosse Bedeutung zu. Zentral bei Facebook und Netlog ist einerseits gegenüber einer Face-to-Face-Situation die erhöhte Kontrolle darüber, wie man sich präsentiert, und andererseits die Bearbeitungsmöglichkeit physischer Elemente bzw. Makel:[29]

«G.M.: Kannst du vielleicht nochmals das Bild vom Anfang zeigen, dein Einstiegsfoto?

Abb. 8

G.M.: Warum hast du jetzt das am Anfang? N.S.: Es sieht schön aus. Ich finde das Bild ist sexy, das sagt auch etwas. C.R.: Das machen auch noch viele … H: Ja, das sieht man viel, genau. G.M.: Hast du lange geübt? Das sieht ja sehr gut aus … N.S.: Das ist eigentlich recht einfach mit dem Spiegel oder wenn es jemand macht. Das habe ich jetzt nicht alleine gemacht. Es ist auch bearbeitet, das Bild. Etwas aufgehellt. G.M.: Die Körperform hast Du auch geändert? N.S.: Nein, das nicht. Zum Beispiel diese habe ich selbst gemacht, mit dem Spiegel. Der Unterschied ist einfach, dass das [Abb. 9] nicht so scharf ist und das andere ist schärfer. G.M.: Der Glanz ist auch anders … N.S.: Ja ja, mit Schatten und aufhellen. G.M.: Und welches gefällt dir besser? Alle kichern. N.S.: Das hier [Abb. 8.] C.R.: Du hast gesagt ‹gute und schlechte Fotos›. Wie weisst du nun, was eine gute oder eine schlechte Pose ist?

28 Heiner Keupp (1999), S. 209–210.

29 Katelyn Y.A. McKenna, Laura Buffardi, Gwendolyn Seidmann (2005), S. 175–188.

Abb. 9

H.F.: Das weiss man, wenn man Comments bekommt. Wenn dir niemand schreibt ... N.S.: Also zu dem zweiten Bild habe ich viele Kommentare bekommen. Ich habe jetzt viele wieder gelöscht. Wenn man was rein tut, achtet man auch auf die Kommentare, die dazu kommen. Wenn viele gute Kommentare kommen, sie schreiben ‹wow›, ‹sexy› oder so etwas, dann gefällt das denen und man hat wie eine Bestätigung, dass das Foto gut ist. [...] Aber wenn es hässlich wäre, also wenn ich eine riesen fette Figur hätte, einfach so nicht schön aussehen und voll ungepflegt, dann würden die meisten sagen ‹wäh, nimm das mal weg›. Weil es nicht schön aussieht. Theoretisch. Ich würde das gar nicht hintun.»[30]

Selbstdarstellung auf Facebook erfolgt mittels Statusmeldungen, Kommentaren, Gruppenzugehörigkeiten, Fotos usw.: In diesem Zusammenhang unterscheiden Shanyang Zhao und ihre MitautorInnen *zum einen implizite Selbstdarstellung* vorzugsweise durch visuelle Medien.[31] Das «visuelle Selbst» als «sozialer Akteur» lässt sich zum Beispiel auf Fotos mit Freunden an einer Party erkennen. Das «kulturelle Selbst» lässt sich über[32] Lebensstil und Konsumpräferenzen definieren und enthält sowohl implizite wie explizite Botschaften. Auf der *anderen Seite stehen explizite verbale Selbstbeschreibungen*, die in der Rubrik «Über mich» das «narrative Selbst» hervorheben. Diese Form ist jedoch am wenigsten elaboriert und besteht oft aus kurzen Statements nach standardisierten Vorgaben. Das Hochladen von Fotos dominiert, nicht nur in der von uns untersuchten Gruppe von Jugendlichen. «Coolness» lässt sich einfacher darstellen über ein cooles Bild oder coole Musik, die man hört, als über einen langen Text.

---

30 Interviewausschnitt mit H.F. und N.S., Vertiefungsphase III, Gruppeninterview – Bülach.

31 Vgl. Shanyang Zhao, Sherri Grasmuck, Jason Martin (2008).

32 Jan Schmidt (2009), S. 75–76. In: Marco Amati (2010), S. 13.

«Wir haben **keine** Kollegen, die **tausend** **Bilder** drauf haben und **null** **Kommentare.**»

Die Bilder des Selbst: Identitätsarbeit als Öffentlichkeitsarbeit

Damit wird Identitätsarbeit zur Selbst-PR über visuelle Medien und das Web 2.0, die Plattform, auf der jede und jeder Selbstthematisierungen einer ausgewählten Öffentlichkeit präsentieren können.[33] Medien wie das Tagebuch, die Autobiographie oder der Roman stützen eher introspektive Selbsterkennung, während neue Medien eine Kommunikationskultur der ästhetischen Repräsentation fördern. Dabei orientieren sich die Jugendlichen an standardisierten, konkreten Vorstellungen darüber, wie Frauen und Männer, wie Körper aussehen sollten und welche kulturellen Verhaltensmuster gerade angesagt sind.[34] Solch normative Vorstellungen dienen *einerseits* der Sozialkontrolle und haben in einer individualisierten Gesellschaft Funktionen traditioneller Institutionen übernommen:[35]

> «*[Foto bauchfrei] S.J.: Also, das machen oft so junge Zwölf-, Dreizehn-, Vierzehnjährige, die ihren Bauch zeigen oder einfach so in Unterwäsche. Dann schreiben sie noch hin, ‹ja, du musst nicht doof tun, auch in der Badi sieht man so aus›. Ich finde das ehrlich gesagt nicht gut, weil ... dann müssen sie sich nicht wundern, wenn ihnen andere ‹Nutte› und ‹Schlampe› schreiben. Die sind selber schuld.*»[36]

Andererseits stehen solche Wertmassstäbe im Kontext einer Konsum- und Dienstleistungsökonomie, die mediale Selbstdarstellung im Sinne einer Konsumästhetik stark beeinflusst und verlangt.[37] «Erzähle dich selbst!» wird zu einem kreativen Imperativ, in dem es weniger um das Teilen von «unverfälschten» Lebenserfahrungen geht als um eine «Überbietungsrhetorik» einer vorteilhaften Selbstdarstellung:[38]

> «*S.J.: Zum Beispiel, er [klickt auf ein Anzeigebild, Profil öffnet sich] ist ein Kollege von uns, er wird auch im Oxa da sein. [...] Und er ist eben auch so eine Art von uns, der beliebt ist bei den Typen. Also er hat eigentlich den Style, finde ich, [...]. Also bei uns sind vor allem in dieser*

---

33 Vgl. dazu Marco Amati (2010), S. 5–15.
34 Angela Tillmann (2006), S. 36.
35 Wilfried Ferchhoff (2007), S. 330.
36 Interviewausschnitt mit S.J., Vertiefungsphase III: Impulsis – Bülach.
37 Ramón Reichert (2008), S. 41.
38 Vgl. dazu Marco Amati (2010), S. 15–17.

Gruppe Leute, die viel angesprochen werden, die viele Kommentare
bei den Bildern haben [...]. Wir haben keine Kollegen, die tausend Bilder
drauf haben und null Kommentare, die nur zwei, drei Kommentare
haben. Es sind schon die Leute zum Beispiel, die 86 haben oder 100.
Er hat auch Bilder mit mega vielen, so über 200. [...] Also das finde ich
so was von herzig von ihm, da ist er so herzig drauf irgendwie. Das
ist jetzt zum Beispiel bearbeitet, aber sich selber hat er nicht bearbeitet,
nur den Rahmen ein bisschen. [...] Schau, da hat er 484 Kommentare.»[39]

Bildorientierte Ökonomie der Aufmerksamkeit als neuer Kontext der Identitätserfahrung

Es geht bei diesen Inszenierungen des Selbst also weniger um Alltagserfahrungen als um Inszenierungsweisen, Verbildlichungen, rhetorische und performative Strategien, die für die Entwicklung der Identitäten von zentraler Bedeutung sind. Soziale Anerkennung erfolgt im Rahmen einer Ökonomie der Aufmerksamkeit und massenmedial beeinflusster Standardisierungen:

«Das Feld des Konsums begünstigt auf massgebliche Weise Visibilitäts-
zwänge für den Einzelnen. Die Konsumästhetik idealisiert die Selbst-
erfüllung im Konsum und erhöht den Zwang zur Selbstvermarktung [...].»[40]

Die Vermittlung bildloser Erfahrungen ist in diesem Markt der Aufmerksamkeiten kaum noch möglich.[41] Andererseits haben die im Web 2.0 verwendeten Bilder den Vorteil, dass sie unabhängig von Sprachkenntnissen verstanden werden können[42] und sich jenseits einer bildungsbürgerlich geprägten Sozialisation auf populärkulturell vermittelte Inhalte beziehen. Dabei entwickeln Jugendliche nicht zuletzt Spezialwissen im Hinblick auf intergenerationelle Abgrenzung und Differenzierung. Hier werden im Rahmen von Internetplattformen «Ressourcen-Reservate» geschaffen und (kreativ) gepflegt. Stigmatisierungserfahrungen aufgrund sprachlicher Probleme in der Schule oder von Äusserlichkeiten – z.B. bei männlichen Peer-Groups in öffentlichen Räumen – können im selektiv nutzbaren Sozialraum Internet vermieden werden. Im Internet bieten sich so spezifische

---

39 Interviewausschnitt mit S.J., Vertiefungsphase III, Einzelinterview – Bülach.
40 Ramón Reichert (2008), S. 60.
41 Vgl. dazu Marco Amati (2010), S. 16–18.
42 Christa Maar (2006), S. 11.

Plattformen der Selbstdarstellung für bestimmte Migrantenjugendliche mit negativen Erfahrungen in Bezug auf Sprachkompetenzen in der Schule. Auf keinen Fall sollte jedoch daraus geschlossen werden, dass es eine balkanspezifische Qualität der Visualisierung gibt. Eine solche Zuschreibung würde einer Essentialisierung von Kultur Vorschub leisten, die den sozialen Kontext und kulturspezifische Differenzierungen vernachlässigt.[43] Vielmehr ist die Orientierung an neuen Kommunikationsmedien auch bei unserer Untersuchungsgruppe im Kontext globaler, visuell orientierter Jugendkulturen und milieuspezifischer Bildungsressourcen zu sehen. Unterweger betont denn auch, dass Migrationsforschung oft die untersuchte Problematik zu sehr als Kulturkonflikt beschreibt und die Jugendlichen weniger als Angehörige einer bestimmten Schicht betrachtet werden. Die beschriebenen Ressourcen sollen als Aspekte einer kulturellen Praxis verstanden werden, die sich vor dem Hintergrund populärkultureller Entwicklungen in der visuellen Kultur wie vor dem Hintergrund migrations- und milieuspezifischer Sozialisations- und Alltagserfahrungen ausbreitet und ständig neu ausdifferenziert:

> «Die grössere Flexibilität bezieht sich auf die Ebene der alltäglichen individuellen Lebenspraxis, wie sie sich in vielen Bereichen – nicht nur beim Lebensstil – äussert. Die Einschränkung hingegen spricht gesellschaftliche Prozesse der Inklusion und Exklusion an, die von den MigrantInnen selbst kaum mitbestimmt werden können.»[44]

Visuelle Ausdrucksformen im Spannungsfeld von Integration und Abgrenzung

Kulturell relevant wäre dann die Frage, in welchen Bereichen Anerkennung gesucht, verweigert oder gefunden wird. Dies ist verbunden mit verschiedenen Ebenen der Anerkennung: a) als politisches Subjekt; b) als soziales Subjekt im Sinne der Zugehörigkeit zu einer Gruppe; c) als Zuschreibung von Aussen und d) als Selbst-Zuschreibung durch die Individuen. Hier erleben gerade Jugendliche aus den Nachfolgestaaten des ehemaligen Jugoslawien eine Vielzahl von prekären Momenten in Form von persönlichen Beleidigungen, von Zuschreibung von Merkmalen in der Schule, den Medien und der Freizeit. Sie können dazu führen, dass Jugendliche sich rechtfertigen oder überanpassen,

---

43   Gisela Unterweger (2002), S. 203–204.
44   Ebd., S. 198.

aber auch, dass sie sich in der Freizeit in einem Kontext bewegen, der sie bestätigt. Ausländische Herkunft kann hier nicht als Ressource der Identitätsgewinnung erfahren werden, sondern muss in einem von den vorherrschenden Normen des Einwanderungslandes isolierten Kontext positioniert werden:[45]

> «Die fehlende Anerkennung wirft einen Schatten auf die Teilidentität als Mitglied einer Gruppe, was die Mitgliedschaft dieser Gruppe deswegen nicht zwangsläufig unattraktiv macht. Da man ihr ja so oder so aufgrund von äusserlichen Merkmalen wie Name, Aussehen oder Akzent zugeordnet wird, muss man einen Umgang mit diesem Schatten finden, und der kann offensiv oder defensiv ausfallen.»[46]

Disziplinierungs- und Zuschreibungsprozesse über Kultur gehen daher nicht nur von der Mehrheits-, sondern auch von der Einwanderergesellschaft aus. Kultur ist dynamischer, widersprüchlicher und offener als oft angenommen. Auseinandersetzungen um Werte und Normen finden auch bei Einwanderern statt. Diese Prozesse werden auf beiden Seiten von Komplexitätsreduktionen begleitet. Grenzen zwischen den Kulturen sind daher schwierig zu ziehen und es sollten nicht einseitige Stilisierungen vorgenommen werden.[47] Bestimmte visuell orientierte Ausdrucksformen müssen daher einerseits im Spannungsfeld zwischen Integrationsansprüchen und -bemühungen eingeordnet werden. Andererseits sollten sie als eigenkulturelle Leistungen im Sinne von Abgrenzungsprozessen gegenüber dem Einwanderungsland und als Ressourcen innerhalb der Peer-Group betrachtet werden. Damit sind sie für Prozesse der Identitätsbildung äusserst relevant und von Bedeutung auch im Zusammenhang mit Erfahrungen im Rahmen von Schule und Berufswahl.

Es geht dabei eher nicht ums «ausländisch» sein, sondern um ein im Sinne der Multikulturalismus-Debatten hervorzuhebendes «Anderssein»: Es gibt potentiell viele Möglichkeiten und Formen, sich als «anders» darzustellen und zu erfahren – über Musik- und Kleidungsvorlieben, andere Identitäten im Web, nationale Zugehörigkeiten usw. Hybriditätstheorien betonen hier die Zonen des Austausches und Ineinanderfliessens verschiedener Symbolsysteme. Dazu gehört auch die Individualität jeder Migrationsgeschichte. Trotz aller Vorbehalte, individueller Ausprägungen und teilkultureller Differenzierungen sollte aus Sicht einer auf visuelle Ausdrucksformen orientierten Forschung die

---

45   Gisela Unterweger (2002), S. 191–193.
46   Ebd., S. 197.
47   Vgl. Werner Schiffauer (2008).

gemeinsame Ausgangslage für Kommunikation, Praxis und Erfahrung in Freizeit-
netzwerken als eine Diversität überwindende gemeinsame Basis an Codes und
Ausdrucksmitteln hervorgehoben werden. Sie bietet Chancen im Alltag und
Anknüpfungspunkte für erweiterte Forschungsperspektiven gleichermassen.

Bibliographie

Marco Amati: *Ich poste, also bin ich. Selbstdarstellung Jugendlicher auf Facebook.* Unveröffentlichte Seminararbeit aus dem Forschungsseminar von Gabriela Muri zum Thema «Jugend
und Alltagskommunikation» am Institut für Populäre Kulturen der Universität Zürich FS/HS
2009. Universität Zürich 2010.

Helga Bilden (1997): *Das Individuum – ein dynamisches System vielfältiger Teil-Selbste. Zur Pluralität in Individuum und Gesellschaft.* In: Heiner Keupp, Renate Höfer (Hrsg.): *Identitätsarbeit heute. Klassische und aktuelle Perspektiven der Identitätsforschung.* Frankfurt am
Main, Suhrkamp, S. 227–249.

Heinz Bonfadelli, Heinz Moser (Hrsg.) (2007): *Medien und Migration. Europa als multikultureller
Raum?* Wiesbaden, VS Verlag für Sozialwissenschaften.

Erik H. Erikson (1976): *Identität und Lebenszyklus.* Frankfurt am Main, Suhrkamp.

Wilfried Ferchhoff (2007): *Jugend und Jugendkulturen im 21. Jahrhundert. Lebensformen und
Lebensstile.* Wiesbaden, VS Verlag für Sozialwissenschaften.

Sabine Hess, Johannes Moser (2009): *Jenseits der Integration. Kulturwissenschaftliche Betrachtungen einer Debatte.* In: Sabine Hess, Jana Binder, Johannes Moser (Hrsg.) (2009): *No
integration?! Kulturwissenschaftliche Beiträge zur Integrationsdebatte in Europa.* Bielefeld,
transcript, S. 11–26.

Kai-Uwe Hugger, Dagmar Hoffmann (Hrsg.) (2006): *Medienbildung in der Migrationsgesell-
schaft. Beiträge zur medienpädagogischen Theorie und Praxis.* Bielefeld, GMK.

Heiner Keupp, et al. (1999): *Identitätskonstruktionen. Das Patchwork der Identitäten in der
Spätmoderne.* Reinbek bei Hamburg, Rowohlt.

Karmela Liebkind (1989). *Conceptual Approaches to Ethnic Identity.* In: ders. (Hrsg.): *New Iden-
tities in Europe.* Vermont: Gower Publishing Company.

Christa Maar (2006): *Iconic Worlds – Bilderwelten nach dem iconic turn.* In: Christa Maar,
Herbert Burda (Hrsg.): *Iconic Worlds. Neue Bilderwelten und Wissensräume.* Köln, DuMont
Literatur und Kunst Verlag, S. 11–17.

Katelyn Y.A. McKenna, Laura Buffardi, Gwendolyn Seidmann (2005): *Selbstdarstellung gegenüber Freunden und Fremden im Netz.* In: Karl-Heinz Renner, Astrid Schütz, Franz Machilek
(Hrsg.): *Internet und Persönlichkeit. Differentiell-psychologische und diagnostische Aspekte der Internetnutzung.* Göttingen, Hogrefe, S. 175–188.

Tommaso Morone (1997): *Die Bewältigung des Kulturwechsels. Zur Psychologie der Lebenskri-
sen.* In: *Curare, Ethnopsychologische Mitteilungen.* Jg. 6, Heft 1, S. 32–40.

Horst Niesyto, Peter Holzwarth, Björn Maurer (2007): *Interkulturelle Kommunikation und Video.
Ergebnisse des EU-Projektes CHICAM «Children in Communication about Migration».*
München, kopaed.

Horst Niesyto (2007): *Interkulturelle Kommunikation und Medienbildung*. In: Horst Niesyto, Peter Holzwarth, Björn Maurer (2007): *Interkulturelle Kommunikation und Video. Ergebnisse des EU-Projektes CHICAM «Children in Communication about Migration»*. München, kopaed, S. 13–19.

Berrin Özlem Otyakmaz (1995): *Auf allen Stühlen: Das Selbstverständnis junger türkischer Migrantinnen in Deutschland*. Köln, ISP.

Frank-Olaf Radtke (1991): *Lob der Gleich-Gültigkeit. Probleme der Konstruktion des Fremden im Diskurs des Multikulturalismus*. In: Ulrich Bielefeld (Hrsg.): *Das Eigene und das Fremde. Neuer Rassismus in der Alten Welt?* Hamburg, Junius, S. 79–96.

Ramón Reichert (2008): *Amateure im Netz. Selbstmanagement und Wissenstechnik im Web 2.0*. Bielefeld, transcript.

Annemarie Sancar-Flückiger (1996): *Integration von MigrantInnen – ein aussergewöhnliches Unterfangen? Untersuchungen zur schweizer AusländerInnenpolitik und AusländerInnenarbeit. Das Beispiel der Stadt Bern*. Köniz, Edition Soziothek.

Werner Schiffauer (2008): *Parallelgesellschaften. Wie viel Wertekonsens braucht unsere Gesellschaft? Für eine kluge Politik der Differenz*. Bielefeld, transcript.

Jan Schmidt (2009): *Das neue Netz. Merkmale, Praktiken und Folgen des Web 2.0*. Konstanz, UVK Verlagsgesellschaft.

Franz Schultheis, Pasqualina Perrig-Chiello, Stephan Egger (Hrsg) (2008): *Kindheit und Jugend in der Schweiz. Ergebnisse des Nationalen Forschungsprogramms «Kindheit, Jugend und Generationenbeziehungen im gesellschaftlichen Wandel»*. Weinheim und Basel, Beltz.

Angela Tillmann (2006): *Doing Identity. Selbsterzählung und Selbstinszenierung in virtuellen Räumen*. In: Angela Tillmann, Rolf Vollbrecht (Hrsg.): *Abenteuer Cyberspace. Jugendliche in virtuellen Welten*. Frankfurt am Main, Peter Lang, S. 33–50.

Gisela Unterweger (2002): *Klasse und Kultur. Verhandelte Identitäten in der Schule*. Zürich: Volkskundliches Seminar der Universität Zürich (Zürcher Beiträge zur Alltagskultur, 12).

Gisela Unterweger, Katrin Kalt (2004): *Kulturwissenschaftliche Jugendforschung – Standpunkte und Perspektiven*. In: *Schweizerisches Archiv für Volkskunde*, Jg. 100, S. 79–100.

Shanyang Zhao, Sherri Grasmuck, Jason Martin (2008): *Identity Construction on «Facebook». Digital Empowerment in Anchored Relationships*. In: *Computers in Human Behavior*, Jg. 24, Heft 5, S. 1816–1836.

VISUELLE RHETORIK IM TRANSKULTURELLEN RAUM

BILDGEBRAUCH UND BILDTYPEN

Christian Ritter

Die bildbasierten Sozialen Netzwerke im Internet – allen voran Netlog – haben sich innerhalb der letzten Jahre zu zentralen Orten für die mediale (visuelle) Selbstrepräsentation von Jugendlichen entwickelt. Insbesondere auch jugendliche Ausländer und Secondos aus den Ländern und Regionen des ehemaligen Jugoslawien nutzen diese Netzwerke oft zur Inszenierung von Identität, Individualität und Zugehörigkeit. Bilder spielen dabei eine bedeutende Rolle. Sie sind Teil und gleichzeitig Erzeugnis einer spezifischen visuellen Ausdrucksprache im «Dazwischen» und «Sowohl-als-Auch» der Kulturen und Lebensstile.

Ausgehend von der Analyse diverser Profile, Bilder und Bildkonstellationen auf Netlog & Co. geht es nun darum zu fragen, welche Rolle die Netz-Bilder für die Selbstrepräsentation der Jugendlichen spielen. Was sind das für Bilder, die dabei wirksam sind? Wann sind sie problematisch? Und wie denken die Jugendlichen selbst über die Bilder ihrer Community? An exemplarischen Fällen bespricht der folgende Text die Hintergründe und Eigenheiten der Inszenierungen und versucht die Frage zu beantworten, wie die unterschiedlichen Bilder im Kontext transkultureller Identitätsbildung zu verorten sind.

Die Ausführungen sind in fünf Stationen gegliedert, die auf wesentliche Aspekte des Themas fokussieren. Das erste Kapitel, «Technische Innovation und visuelle Partizipation: Bildhafte Identitäten im Web 2.0», befasst sich mit der Frage nach der Attraktivität bildbasierter Sozialer Netzwerke und der Bedeutung technischer Entwicklungen für die Selbstrepräsentation der Jugendlichen.

Das zweite Kapitel, «Unbestimmte Lesbarkeit: Bild und Kontext», beschäftigt sich mit der Ambivalenz der Bedeutungen und den gruppenabhängigen Kontexten, in denen die Bilder veröffentlicht und gelesen werden. Das dritte Kapitel, «Bildkompetenz und Bildgebrauch: Ressource oder Hindernis?», fragt, wann der Bildgebrauch der Jugendlichen problematisch ist und wo ihre visuellen Kompetenzen als Ressource stark gemacht werden können. Das vierte Kapitel, «That's me! Bildtypen und Bildgebrauch auf Netlog & Co.», bespricht Bilder, an denen sich inhaltliche und ästhetische Aspekte von Diaspora, Identität und Visualität exemplarisch zeigen lassen. Das fünfte Kapitel, «Bilder auf Wanderschaft», befasst sich mit Bildern, die in unterschiedlichen Zusammenhängen des Internets auftauchen und führt schliesslich zurück auf die Betonung der Kontextabhängigkeit und Ambivalenz der Bedeutungen der Bilder.

1. Technische Innovation und visuelle Partizipation: Bildhafte Identitäten im Web 2.0

Folgt man den Interessen und Themen junger Menschen, bekommt man den Eindruck, dass Soziale Netzwerke wie Facebook oder Twitter aus dem Bewusstsein und dem Alltagsleben der «Generation Web 2.0» kaum mehr wegzudenken sind. Ein Eindruck, der nicht zuletzt auch von der medialen Berichterstattung verstärkt wird, die sich der Faszination der Online-Communities nicht entziehen kann. Selbst die herkömmlichen Printmedien kommen offenbar nicht mehr umhin anzumerken, ob zu diesem oder jenem Thema nicht eine Facebook-Gruppe gegründet worden sei.

Abseits der vielbeachteten Kommunikation und Communitybildung auf Facebook und Twitter stellen Soziale Netzwerke wie Netlog, Meinbild oder Tagged erfolgreich Plattformen bereit, die den Bedürfnissen und Kommunikationsanforderungen der Teenager andere Möglichkeiten zu bieten haben als das reglementierte und sprachlastige Facebook-Netzwerk. User P.S. äussert sich dazu pointiert und unverblümt: «Facebook ist etwas zu viel Blablabla.»[1] Während für junge Erwachsene und Gymnasiasten Facebook das bevorzugte Netzwerk darstellt, ist Netlog – so die Beobachtung – besonders beliebt bei sehr jungen Usern und bei Jugendlichen, die den Schritt in die Berufs- und Bildungswelt (noch) nicht vollständig und erfolgreich vollzogen haben. Bei Jugendlichen also, die ihre Identitäten zwischen Kindheit und Erwachsenenleben, zwischen Schule und Erwerbsleben in einem besonderen Spannungs-

---

[1] Interviewausschnitt mit P.S., Vertiefungsphase II, Gruppe B – Bülach.

feld organisieren müssen. Vor dem Hintergrund der sozialen und ökonomischen Situation des Elternhauses und ihrer Bildungschancen trifft das oft auch auf die medial und gesellschaftlich stigmatisierten Diaspora-Jugendlichen aus den Ländern und Regionen des ehemaligen Jugoslawien zu.

Was sind also die spezifischen Eigenschaften, die Netlog, Meinbild oder Tagged von Facebook unterscheiden und in den beschriebenen Zusammenhängen attraktivieren? Der wichtigste Unterschied zwischen Plattformen wie Netlog und dem Branchenprimus Facebook liegt im Stellenwert, den visuelle Prozesse dabei für die Selbstrepräsentation der User einnehmen. Im Gegensatz zu Facebook bietet Netlog dem User nicht nur umfangreiche Möglichkeiten zum Design seines Profils und der fantasievollen Gestaltung seines Usernamens – etwa «suuza_ooOf_srBiija», «Manq3n_DeLux3» oder «xXx_MoDeL_xXx_66». Vor allem zeigt sich die Bedeutung visueller Ausdrucksformen in der Funktion, die Bilder für den Austausch der User haben und die – im Gegensatz zu Facebook – darüber hinausgeht, dem User ein «Gesicht» zu seinem Nickname zu geben oder Teil eines digitalen Photoalbums zu sein. Auf Netlog sind die Bilder sowohl Gegenstand als auch Mittel der Kommunikation zwischen den Usern. Sie sind Bausteine komplexer semantischer und ästhetischer Gefüge, aus denen die Teenager ihren Auftritt im Cyberspace zusammenbauen und zur Darstellung bringen. Netlog gibt ihnen die Gelegenheit, sich ausserhalb der Sprache und der Reglementierungen von Elternhaus, Behörden und Bildungsinstitutionen zu ihren eigenen Bedingungen zu inszenieren und sichtbar zu werden.

Solche Prozesse sind durch eine Praxis der Selbstrepräsentation bestimmt, die grossteils in und über Bilder stattfindet. Soziale Netzwerke funktionieren dabei als Raum für die Aushandlung gemeinsamer Werte und Narrative wie auch als Bühne für die Aufführung und Erprobung individueller Identitäten. Sie sind Testfelder für die Partizipation an unterschiedlichen Identifikationsangeboten der Jugendkulturen und der globalen Pop- und Konsumkultur. Ihre photographischen Inszenierungen und Collagenbilder helfen den Usern, die unterschiedlichen ästhetischen und semantischen Bezugnahmen auf die Themen der Jugendkultur, der Kultur des Aufnahmelandes, der Heimatkultur und des globalen Mainstreams im Bild zusammenzuführen und zu verhandeln.

Die Bilder ermöglichen den Usern, stereotype Zuschreibungen von Identität oder Werte und Traditionen ihrer Herkunftsfamilie genauso zu durchkreuzen wie zum Thema ihrer Inszenierung zu machen. Dabei geht es immer auch um die Befragung und Überprüfung des eigenen Verhältnisses zu den unterschiedlichen Polen, zwischen denen die hybriden kulturellen Identitäten der Jugendlichen entstehen und sich behaupten müssen. Gleichzeitig – und nicht selten im Widerspruch zum Familien- und Alltagsleben der Jugendlichen – geht es bei der Selbstrepräsentation der User immer auch um ihre Verankerung im jugend-kulturellen Gefüge der Online-Community.

Wie aber wirken sich der Stellenwert visueller Formen der Selbstrepräsen-tation auf die Produktion, Distribution und Bewertung von Bildern aus? Und was bedeutet das bezüglich möglicher Bildmotive und der Ästhetik der Bilder? Um diese Fragen zu besprechen, muss man sich zuerst mit dem Zusammenhang von technischen Entwicklungen und (neuen) visuellen Strategien der Identitäts-bildung beschäftigen. Am Anfang der Karriere der Netz-Bilder stehen tech-nische Innovationen aus dem Unterhaltungs- und Lifestylemarkt. Der Aufstieg bildbasierter Sozialer Netzwerke im Internet geht Hand in Hand mit der Ent-wicklung bildfähiger Mobiltelefone und deren Lancierung im Markt- und Preis-segment der Teenager. Das Zusammenspiel dieser unterschiedlichen Techniken und neuen Medienformate – insbesondere aber der Erfolg Sozialer Netzwerke im Internet – veränderte die Bedeutung visueller Prozesse und den Status von Bildern in der Alltagskommunikation der Jugendlichen grundlegend.

Auch der Umgang mit visuellen Codes, von Kleidung, Accessoires und Brands (Styling) bis zu den Formen körperlicher Inszenierungen (Posen, Ges-ten, Blicke), hat sich durch den Siegeszug der Digital-Photographie verändert. Mussten früher in aufwendigen und schwer zu kontrollierenden Prozessen (zum Beispiel an Foto-Automaten) die «richtigen» Bilder für die Sammlung im Portemonnaie und den Tausch mit Freundinnen hergestellt werden, macht die gegenwärtige Photo-Technologie nicht nur Bilder «von Kopf bis Fuss», sondern auch einen orts- und zeitunabhängigen Umgang mit dem Medium möglich. Per Knopfdruck werden Bilder hergestellt, gelöscht, umbenannt, getauscht und in die Sozialen Netzwerke des Internets hochgeladen. Das ins Bild gesetzte «Ich» kann jederzeit mit neuen Codes beliefert, neu ausgerichtet und mit den als Vor-lage dienenden Zeichen und Figuren aus dem Universum der globalen Pop- und Konsumkultur abgeglichen und in Korrespondenz gesetzt werden – «Lady GaGa» und «Bushido» sind immer nur einen Link (oder einen Klick) entfernt.

Die Möglichkeiten der Digital-Photographie und der Sozialen Netzwerke haben aber nicht nur das Freizeitverhalten der Jugendlichen verändert, sondern auch das Spektrum möglicher Bildmotive und Inszenierungsformen beeinflusst: Vom formal und ästhetisch reglementierten Portraitbild der Passfoto-Auto-maten hin zu allen denkbaren Motiven, die in der Konsum- und Alltagswelt der Jugendlichen von Bedeutung sind. Heute wird das Selbstportrait flankiert von den unterschiedlichsten Motiven aus dem Bedeutungsraum der Jugend-lichen: von Darstellungen des Körpers (Bauch, Frisur, Augen) über Bilder von Örtlichkeiten (Städte, Ferienorte, Events) hin zu Objekten aus dem Alltag und der Wunschwelt der Teenager (Schuhe, Accessoires, Autos).

Die auf Netlog veröffentlichten Bildersammlungen zeigen einen Querschnitt durch die vielfältigen Themen, die das Leben der Secondos zwischen kultureller Assimilation und der Behauptung der individuellen Erfahrung von Migration und Diaspora bestimmen. Die Bilder sind dabei aber mehr als nur Illustrationen einer Situation: Vielmehr wird diese auch durch die in den Bildern angelegten Narrationen konstruiert und kommuniziert. Das bedeutet auch, dass die kontroversen und oft konflikthaften Themen der Jugendlichen immer in der Öffentlichkeit des Internets ausgehandelt werden. Die Durchlässigkeit zwischen Öffentlichem und Privatem ist dabei nicht unproblematisch: Die Verfügbarkeit der Photo-Technik und die Zugänglichkeit der Sozialen Netzwerke haben die Trennung von privater und öffentlicher Inszenierung über weite Strecken aufgelöst – die Intimität des Körpers und die Privatheit der eigenen vier Wände sind auf Netlog quasi ausser Kraft gesetzt. So wie sich die Teenager für den Blick des imaginierten «Anderen» in Szene setzen, sich stylen und fürs Foto in Pose werfen, dringt der Blick des (anonymen) Betrachters über die Bilder in die intimen Privaträume der Jugendlichen ein. Denn die Portraits und Selbstportraits der Teenager sind oft im Jugend- oder Kinderzimmer der User aufgenommen, vor einer grotesken Kulisse aus Kinderbettwäsche, Parfumflaschen und Posters von Stars aus Sport und Entertainment *(Abb. 10)*. Auch wenn es Versuche gibt – zum Beispiel mit der Drapierung der Vorhänge oder dem Auslegen von Tüchern –, das Photoset vom Groove des Kinderzimmers zu befreien und eine anonyme, studioähnliche Situation zu schaffen: die perfekte Staffage für die perfekte Inszenierung des Körpers *(Abb. 11)*.

Abb. 10   Abb. 11

Das Beispiel des Dekorierens und Umgestaltens des Zimmers für ein Bild zeigt die Paradoxie der gleichzeitigen Preisgabe von Intimität und Kontrolle über die bildliche Darstellung des «Ich». Das Bedürfnis nach der Kontrolle über die eigene Abbildung lässt sich aber auf allen Ebenen der photographischen Selbstdarstellung beobachten und bestimmt den Prozess des «Bildwerdens» von Anfang bis zum Ende mit: von der Inszenierung für die Kamera, dem

«Mein ganzer Stolz …»

Styling, der Pose, über die Wahl des Bildausschnitts bis zur Bildauswahl und der digitalen Überarbeitung. An allen Stationen dieses Prozesses müssen Bild und Bildmotiv den ästhetischen und inhaltlichen Ansprüchen der User und den spezifischen jugendkulturellen Bedingungen der Community genügen. Nur dann ist es dem User möglich, im Wettbewerb um Style, Status und Schönheit zu reüssieren und Aufmerksamkeit in Form von «Comments» zu gewinnen. Ohne die hinreichende Anzahl und Qualität der User-Kommentare lässt sich der Status innerhalb der Community nur schwer halten. Der gefallene User wird an die Peripherie der Aufmerksamkeit geschoben, wie es Userin S.J. beschreibt: «Die anderen Leute bewerten dann die Bilder mit Kommentaren. Viele haben über 1000 Kommentare bei Bildern. [...] Es ist nicht mehr so wichtig, wie viele Bilder ich habe. Blöd ist, wenn man viele Bilder hat, aber wenig Kommentare.»[2]

Die photographische Praxis der Jugendlichen hat aber nicht nur die Unsicherheiten des Photographievorgangs gegen die vermeintliche Kontrolle über das Bild eingetauscht. Im selben Schritt wurde auch der einzigartige Charakter der analogen Photographie und das dem Photographieren und Photographiertwerden immanente Überraschende und Unvorhersehbare ausgewechselt gegen die Reproduzier- und Verfügbarkeit der Bilder. Dennoch orientieren sich das Bildverständnis und die Bildsprache der Jugendlichen an einer Bildästhetik, in der Wichtiges nicht nur «shiny» ist wie der Bling-Bling des Pop-Mainstream, sondern auch schwarzweiss wie die Photographien im Geschichtsbuch: Wo der Wunsch nach dem Auratischen in die glatten Bildwelten einbricht und die einzigartige Bedeutung des abgebildeten Motivs hervorgehoben werden soll, appliziert einschlägige Software Patina auf die Pixelbilder *(Abb. 12)* oder überzuckert das Bild mit Sternenstaub, wenn das Gewöhnliche der Aufnahme nicht den Glamour enthält, den Pose und Styling zum Ausdruck bringen sollen *(Abb. 13)*.

Abb. 12   Abb. 13

---

2   Interviewausschnitt mit S.J., Vertiefungsphase II, Gruppe A – Bülach.

2. Unbestimmte Lesbarkeit: Bild und Kontext

Die durch digitale Eingriffe beabsichtigte Verdeutlichung der Aussage und Bedeutung der Bilder steht allerdings auf einem unsicheren Fundament. Der Anspruch der User, die visuellen Erzählungen durch die Gestaltung der Bilder und Bildkonstellationen vollständig bestimmen zu können, lässt sich kaum einlösen. Die digitalen Identitäten sind der fortwährenden Neudefinition durch die User unterworfen und verändern sich mit jedem Bild, das sie in ihr Netlog-Profil hochladen. Dazu kommt, dass die Ausbildung transkultureller Identitäten eng verschlungen ist mit dem Transfer kultureller Werte, Mythen und Narrative. Speziell in den Bildern und Bildwelten der Sozialen Netzwerke sind das immer auch ästhetisch vermittelte und visuell codierte Prozesse, deren Bedeutungen per se ambivalent sind. Dennoch wird das, was auf einem Bild abgebildet ist, gerne als Darstellung einer unumstösslichen Realität gesehen. Jedes Bild wird aber nicht nur von jeder Person anders gelesen: Wie wir wissen, gibt es auch bei jedem Bild – oder besser gesagt: bei jeder Photographie – eine Zeit vor und nach dem kurzen Augenblick der Entstehung und eine Welt ausserhalb des gewählten Bildausschnittes.

In der Analyse visueller Prozesse ist darum zu unterscheiden zwischen Prozessen, die unmittelbar am Körper, durch Kleidung, durch Posen etc. stattfinden – und solchen, die alleine die Bilder betreffen. Der Kulturwissenschaftler Tom Holert unterscheidet diesbezüglich zwischen gerahmten und ungerahmten visuellen Prozessen. In seiner Untersuchung «Regieren im Bildraum» bezeichnet er als Bild grundsätzlich «eine Ansammlung graphischer Markierungen und tonaler Wertigkeiten [...], die durch eine Begrenzung von allem Ausserbildlichen abgesetzt wird».[3] Dass Linien, Flächen oder Farbgrade gerahmt, also von ihrer jeweiligen Umwelt prägnant unterschieden sind, so Holert, «ist eine – aber eben auch nur eine – entscheidende Voraussetzung dafür, sich über sie als Bilder verständigen und sie als Bilder gebrauchen zu können».[4] Denn erst als «gerahmte Konstellation visueller Daten», so Holert, «tritt Visuelles als Bild in Erscheinung» und lässt sich «unterscheiden vom Kontinuum des ungerahmten Visuellen, der formlosen Information».[5]

Die «Formation» von visuellen Informationen ist auch das, was Bilder als Teil der visuellen jugendkulturellen Ausdruckssprache besonders attraktiv macht. Erst durch ihre Rahmung im Bild werden die Bedeutungen codierter

---

3   Tom Holert (2008), S. 23.
4   Ebd.
5   Ebd.

Körper, Kleider und Posen gültig – und erst wenn die Codes abgebildet werden, sind sie überprüfbar und können verhandelt und verwendet werden, ohne die Angst des Users, sich im Dschungel der Bedeutungen zu verirren. Selbst Freundschaften und Beziehungen erlangen durch ihre Abbildung erst die Evidenz, die sie im Bedeutungssystem der Community zu fixieren scheint.

Wie angedeutet ist diese «Evidenz der Bilder» aber eine trügerische Angelegenheit. Die Vorstellung von der Abbildung der Realität als eine einzige Realität – die auch eine einzige «richtige» Lesart zulässt – gaukelt eine Verbindlichkeit vor, die es so nicht gibt. Die unauslöschliche Ambivalenz und Kontingenz der Bedeutungen betrifft nicht nur die Bedeutung der Codes, sondern auch die Bedeutung der Bilder.

Mehr noch als die Bedeutung der Codes ist die Bedeutung von Bildern und Bildmotiven abhängig vom Kontext ihrer Vermittlung und Rezeption. Im Gegensatz zu Symbolen oder Logos, die nicht nur missverstanden werden können, sondern unter Umständen gar nicht als solche erkenn- und identifizierbar sind, ist das bei Bildern schlecht vorstellbar. In praktisch jedem Bild erkennt der Betrachter irgendetwas, das er zu verstehen glaubt und das für ihn dem Bild eine Bedeutung gibt. Doch selbst wenn es eine von den Usern «bevorzugte Bedeutung»[6] ihrer Bilder gibt, gibt es doch keine «richtige» oder «falsche» Art, wie die Bilder verstanden werden können. Im Gegenteil: Es gibt immer eine Vielzahl möglicher Lesarten und Bedeutungen. «Bedeutung ‹fliesst›, sie kann nicht endgültig festgeschrieben werden»,[7] hält Stuart Hall in der Analyse von Bildern fest, die er hinsichtlich der Repräsentationspraxis schwarzer Männer untersuchte.

So sind auch die Bedeutungen, die Erwachsene in die Bilder Jugendlicher legen, oft nicht die, die von den Jugendlichen selbst vorgesehen sind. Zu unterschiedlich sind die Hintergründe, vor denen die Bilder gelesen werden. Die Photographie des eigenen nackten Bauchs *(Abb. 14)* zum Beispiel – ein bei Jungen und Mädchen beliebtes Bild auf Netlog – wird von Erwachsenen anders interpretiert und gewertet als innerhalb der Community. Assoziieren Erwachsene das explizite Zurschaustellen des anonymisierten Körpers etwa mit Themen wie dem Verlust von Intimität, mit Sexualität, Macht oder mit einem überwunden geglaubten Geschlechterbild, kann es für die abgebildete Person um etwas völlig anderes gehen. Und ebenso für andere Jugendliche, die das Bild im Internet betrachten und im Kontext der jugendkulturellen Bildsprache rezipieren und kommentieren. Für die untersuchte Community steht

---

6   Stuart Hall (2004), S. 111.

7   Ebd., S. 110.

die Abbildung des nackten Bauchs (wie die Abbildung des Körpers generell) zum Beispiel für die authentische und ehrliche Darstellung des «Selbst», für die unverhüllte Identität der User. Allerdings nicht in jedem Fall: Nur wer einen nach den Vorstellungen der Community «schönen» Körper hat, soll diesen auch zeigen. Und während digitale Eingriffe und Effekte beim Bild eines schönen Körpers akzeptiert werden, zum Beispiel das Hinzufügen von Lichteffekten oder die Manipulation der Farbabstimmung, wird derselbe Eingriff bei einem «hässlichen» Körper als Bluff verstanden und würde die Missgunst der Community hervorbringen.

Abbildungen 14 und 15 zeigen beide den Bauch von Userin N.S. Abbildung 14 ist ein von einer Freundin aufgenommenes und nachträglich bearbeitetes Bild. Abbildung 15 hingegen zeigt dasselbe Motiv, photographiert über den Spiegel und ohne Überarbeitung der Helligkeit und Farbigkeit des Bildes. Man könnte nun behaupten, dass aus erwachsener Perspektive die grundlegende Tatsache, das N.S. den nackten Bauch photographiert hat, dass bevorzugte Thema der Bilder und des Diskurses über die Bilder darstellt. Im Gegensatz dazu dreht sich der kritische Diskurs der Community um die Inszenierungsqualität des Bildes und die Legitimität der digitalen Überarbeitung – und eben gerade nicht um das Motiv.

Abb. 14   Abb. 15

3. Bildkompetenz und Bildgebrauch: Ressource oder Hindernis?

Am Beispiel des «Bauchbildes» lässt sich nicht nur das Problem der unterschiedlichen Kontexte aufzeigen, in denen dasselbe Bild gelesen wird und die manchen Deutungsversuch ins Reich der Interpretation und Fantasie verbannen. Im Gespräch mit den Usern zeigt das Beispiel auch, wie sich Bild und Bildmotiv im Verständnis der User durchdringen und sich Bildästhetik und Bildinhalt praktisch ineinander auflösen: Ist vom Bild die Rede, ist eigentlich das Bildmotiv (mit-)gemeint und umgekehrt. Körper, Pose, Bildausschnitt, Lichtführung und

Farbigkeit vermengen sich im Nachdenken und Reden über Bilder zu einem gordischen Knoten aus unterschiedlichen Absichten, ästhetischen Formen und inhaltlichen Bezugnahmen, der sich weder komplett entwirren noch zerschlagen lässt. So konstatiert Userin N. S. bezogen auf Abbildung 14: «Also zu dem Bild habe ich viele Kommentare bekommen. Ich habe jetzt viele wieder gelöscht. [...] Wenn viele gute Kommentare kommen, sie schreiben ‹wow›, ‹sexy› oder so etwas, dann gefällt das denen und man hat wie eine Bestätigung, dass das Foto gut ist.» Und weiter: «Aber wenn es hässlich wäre, also wenn ich eine riesen fette Figur hätte, einfach so nicht schön aussehen und voll ungepflegt, dann würden die meisten sagen ‹wäh, nimmt das mal weg›. Weil es nicht schön aussieht. Theoretisch. Ich würde das gar nicht hintun.» Auf die Frage, ob die Bestätigung des guten Aussehens für sie also gleichbedeutend damit sei, ein gutes Bild gemacht zu haben, antwortet N.S. weiter: «Also ich sehe gut aus, das denke ich von mir, egal was mir jemand sagt. Es ist schon eine Bestätigung, dass das Bild gut ist. Man kann auch ein anderes Bild gleich machen ... Es ist schon eine Bestätigung, dass ich gut aussehe.»[8]

Ähnliche Differenzierungsschwierigkeiten zeigen sich im Vergleich unterschiedlicher Bilder, auf denen S.J. zu sehen ist: Ein Bild auf dem Party-Portal Tilllate *(Abb. 16)* und ein Bild der Photographin Anne Morgenstern, die S.J. ins Zürcher Nachtleben begleitet hat *(Abb. 17)*. Beide Bilder hat S. J. zuvor nicht gesehen. Das in der vertrauten Ästhetik der Partyphotographie gehaltene Bild begeistert sie. Unter formalen Aspekten betrachtet, ist das Bild aber wenig gelungen: Das Licht ist unregelmässig und schlecht geführt, die jungen Männer sind unvorteilhaft abgebildet, S.J. selbst ist eingeklemmt zwischen einem Arm und dem Kopf ihres Nachbarn, der sie zu küssen versucht, während sie sich selbst mit Pose und Gestik in Szene setzen will. Für S.J. scheinen das Label Tilllate[9] und die von unzähligen Party-Bildern vertraute Machart und Ästhetik des Bildes auszureichen, das Bild als gelungen zu bewerten: «Also es sieht geil aus. Hätte ich das gewusst, hey, es wäre schon im Netlog drin.»[10]

---

8 Interviewausschnitt mit N.S., Vertiefungsphase III, Einzelinterview – Bülach.

9 «Das Business-to-Consumer Produkt tilllate.com ist sowohl im Schweizer wie auch im internationalen Nightlife-Bereich das führende Online-Medium. Es beherbergt die grösste Nightlife-community der Welt mit über 850 000 Mitgliedern und zeichnet sich durch innovative Ideen und hohe Qualitätsansprüche aus. Knapp 300 Photographen alleine in der Schweiz schauen, dass die Partycommunity immer mit den neuesten Bildern des vergangenen Tages gefüttert wird.» Gefunden am 26.05.2010, auf: http://tilllate.biz

10 Interviewausschnitt mit S.J., Vertiefungsphase III, Einzelinterview – Bülach.

«Facebook ist etwas zu viel Bla-bla-bla-bla.»

Abb. 16   Abb. 17

Anders fällt das Urteil von S.J. über das Bild von Anne Morgenstern aus. Das Bild wurde am selben Abend aufgenommen, auf dem Weg zum Club, in dem danach das Tilllate-Bild entstand. S.J. setzt sich auch hier in eine ihr bekannte und eingeübte Pose – allerdings nicht mit derselben Aufmerksamkeit wie gegenüber dem Photographen von tilllate. Die künstliche Pose für die Tilllate- Photographie wird als natürlicher bewertet als die Bilder des auf möglichst ungestellte Natürlichkeit gerichteten Blicks der Photographin. Entsprechend ist für S. J. das Bild von Anne Morgenstern problematisch: «Das [Bild] würde nie im ganzen Leben ins Netlog reinkommen, das ist so etwas von gruusig. Das ist einfach so unnatürlich. Näi, das ist so peinlich!»[11] Dass das Bild «gruusig» ist, bedeutet zunächst aber nur, dass sie es mit einer Bildästhetik zu tun hat, mit der sie nicht vertraut ist und die sie nicht einordnen kann im Inventar der etablierten Darstellungsformen, der Posen, Winkel und Bildausschnitte von Netlog. Danach gefragt, weshalb für sie das Bild trotz der selbstgewählten Pose hässlich sei, antwortet S.J.: «Sie hat von unten photographiert. Es ist so, mmmh. Ich habe es gern von oben, die Bilder. Das ist einfach so richtig ... Nein, nicht schön. [...] Erstens fallen irgendwie deine Augen auf, und man sieht besser aus als wenn man von unten photographiert, dann sieht man breiter aus. Deswegen.»[12]

Die Ausschnitte aus den Gesprächen mit N.S. und S.J. zeigen, dass die befragten Jugendlichen kaum zwischen den Eigenschaften des Bildmotivs und den medialen, ästhetischen und formalen Eigenschaften des Bildes unterscheiden. Zwar sind die Gespräche über die Bilder inhaltlich dicht und ermöglichen einen umfangreichen Einblick in die Lebenswelten und Themen der Teenager – insbesondere auch hinsichtlich der Bedeutung visueller Prozesse. Bilder sind ein wesentlicher Bestandteil ihrer Alltagskommunikation und die Jugendlichen sind geübt darin, Bilder zu kommentieren und Stellung zu Sach-

11   Interviewausschnitt mit S.J., Vertiefungsphase III, Einzelinterview – Bülach.

12   Ebd.

verhalten zu beziehen, die in Bildern dargestellt sind. Wann dabei allerdings nur eine Situation beschrieben wird (was abgebildet ist, wie etwas abgebildet ist), wann ein wertendes Urteil abgegeben wird (etwas Gutes ist abgebildet, etwas ist gut abgebildet) und was die Hintergründe dieser Wertungen sind (persönliche ästhetische Präferenzen, Common Sense der Community, kultureller Hintergrund), lässt sich von den Jugendlichen nicht schlüssig benennen.

Trotz des nicht zu unterschätzenden Stellenwerts, den Bilder für ihre Selbstrepräsentation haben, beschränkt sich ihre Kompetenz oft auf technische Aspekte der Herstellung und Verwaltung von Bildern einerseits, auf die Rezeption und Interpretation nach den impliziten Regeln der Jugendlichengruppe andererseits. Dass Bilder ausserhalb des Bedeutungssystems der Community anders gelesen und gedeutet werden, dass bestimmte Motive und Bildsprachen Missverständnisse provozieren und stereotype Bilder hervorbringen und untermauern können, ist den Usern oft nicht bewusst. Je nach Bildtyp und abhängig von der Funktion, die das Bild in der Selbstrepräsentation der Jugendlichen einnimmt, ist das mal mehr und mal weniger problematisch. Während die Inszenierung des sexualisierten Körpers *(Abb. 18, 19)* vor allem zwischen den Polen Jugendliche/Erwachsene kritisch ist, ist die Inszenierung mit national-religiösen Symbolen *(Abb. 20)* – zum Beispiel vor der Flagge des Herkunftslandes – nicht nur hinsichtlich des Verhältnisses Schweizer/Ausländer, sondern generell ausserhalb der Jugendlichengruppe der «Balkaner» konflikthaft: Zum Beispiel zwischen den jugendkulturellen Polen «Balkaner»/Skater oder «Balkaner»/Emos. Doch auch in ihrer möglichen Bedeutung weniger aufgeladene und auf den ersten Blick «harmlos» wirkende Bilder können durch die Verschiebung in einen anderen Kontext problematisiert werden: etwa wenn das Unvermögen der Jugendlichen, Bilder in ihrem spezifischen Kontext zu verstehen, dazu führt, das perfekte Party-Bild auch für das perfekte Bewerbungsbild zu halten.

Abb. 18   Abb. 19   Abb. 20

4. That's me! Bildtypen und Bildgebrauch auf Netlog & Co.

Die vorangehenden Ausführungen haben bereits angedeutet, dass es unterschiedliche Typen von Bildern gibt, die im Bildgebrauch der Jugendlichen von Bedeutung sind. Diese Bildtypen sollen nun hinsichtlich ihrer ästhetischen und inhaltlichen Eigenschaften beschrieben und verständlich gemacht werden. Die Bilder auf Netlog, Meinbild und Tagged können aufgrund unterschiedlicher inhaltlicher und ästhetischer Eigenschaften benannt und beschrieben werden. Unterscheidbar sind zum Beispiel Bilder, auf denen Personen abgebildet sind, Bilder, die Objekte, Örtlichkeiten oder Accessoires zum Motiv haben und Bilder, die keine photographischen Abbildungen enthalten, sondern auf der Grundlage von Graphiken oder Logos gestaltet (designt) sind. Nicht selten sind die Netz-Bilder auch zusammengesetzt aus unterschiedlichen graphischen und photographischen Elementen, etwa als Collagenbilder oder Foto-Text-Hybride.

In der Folge sollen drei exemplarische Bildtypen besprochen werden, die im Kontext von Diaspora und Jugendkultur von besonderem Interesse sind und an denen sich inhaltliche Bezüge und ästhetische Zusammenhänge besonders gut diskutieren lassen: Das Selbstportrait, das Portrait mit Landesflagge und das Collagenbild. Weitere Bildtypen wären zum Bespiel Party-Bilder, Bilder von Objekten oder Bilder von Persönlichkeiten aus Sport, Politik und Entertainment. Eine Zusammenstellung dieser und weiterer auf Netlog etc. relevanter Bildtypen – Körperbilder, Gruppenbilder, Augenbilder und Heimat-Bilder – sind dargestellt im Bildbeitrag «Körper, Pose, Selbstportraits» ab Seite 129 im vorliegenden Band.

Selbstportrait – Das Selbstportrait ist nicht nur der prominenteste Bildtyp auf Netlog: Es lässt sich auch an keinem anderen besser die Prozesshaftigkeit und Unfertigkeit von Identitätsprozessen besprechen – auch wenn in der Attitüde, mit der sich die Jugendlichen in Szene setzen, wenig von solchen Unsicherheiten spürbar ist. Zumindest implizit scheinen die Teenager genau zu wissen, wie sie sich inszenieren müssen und was dabei eine «gute» und was eine «schlechte» Pose ist. S.J. äussert sich dazu folgendermassen: «Eine schlechte Pose ist z.B., wenn man einen Kilometer entfernt ist und ein Foto macht und das dann auf Netlog stellt. Die richtige Pose ist eine von nahe, wo man dich richtig sehen kann und du eine richtige Haltung machst und sagst, wer du bist.»[13] Von einer bewussten Adaption von Posen und Körperbildern aus dem Pool medialer Vorbilder kann aber nicht in jedem Fall gesprochen werden. Zwar

---

13   Interviewausschnitt mit S.J., Vertiefungsphase II, Gruppe A – Bülach.

werden Elemente etablierter Körpersprachen auch mit Absicht nachgestellt – gerade bei sehr jungen und medial wenig erfahrenen Usern, als eine Art Verkleidungsspiel. Auf die Frage, ob Magazine oder Musik-Clips Vorlage und Inspiration für ihre gegenwärtigen Posen seien, sagt A.B.: «Früher schon, ja. Alles was man gesehen hat, hat einem gut gefallen, und dann, au ja, machen wir das noch so. So wie Nachmachung. Aber jetzt denkt man gar nicht mehr daran». Ihre Kollegin N.S. ergänzt: «Persönlich für mich habe ich jetzt nicht so ein Vorbild, ich möchte wie der aussehen oder das machen, was die macht […] Ich habe Video-Clips, die ich anschaue, dort sieht man etwas, wo man sagt, ja, da könnten wir auch etwas Ähnliches machen. Wir probieren es und wenn es gut herauskommt, dann stellen wir's ins Internet.»[14]

Bei Jugendlichen mit Migrationshintergrund findet die Ausbildung und Erprobung (bildhafter) Identitäten durch Prozesse von Nachahmung und Nachstellung unter besonderen Vorzeichen statt. Das Spektrum möglicher Vorbilder und vorbildlicher Inszenierungsformen ist im «Dazwischen» und «Sowohl-als-Auch» der Kulturen und Lebensstile besonders breit. Die Vorbilder aus den Jugendkulturen und der globalen Pop- und Konsumkultur werden dabei ergänzt durch Referenzbilder und -figuren aus der Herkunftskultur – insbesondere aus den Medien der Herkunftsländer. Der Bildraum wird dabei selbst zum transkulturellen Raum, wo sich die unterschiedlichsten ästhetischen und inhaltlichen Bezüge begegnen und durchkreuzen.

Der Einfluss der Herkunftskultur kann dabei in zweierlei Hinsicht zum Tragen kommen: Erstens als Adaption inhaltlicher und ästhetischer Eigenschaften, also durch die Annäherung an die Vorbilder über Posen, Gesten, Styling, aber auch die Machart eines Bildes. Die Bilder, mit denen sich der User repräsentiert, reihen sich gewissermassen ein zwischen die ihm bekannten Motive und ästhetischen Ausprägungen. Zweitens lässt sich in ebendiesen Dimensionen der visuellen Selbstrepräsentation oft auch eine Gegenbewegung zu den Werten der Herkunftskultur beobachten. Zum Beispiel dann, wenn die Mädchen die Freiheiten der Sozialen Netzwerke und die Mobilität der Digital-Photographie dazu nutzen, ihren Körper zu inszenieren und eine Identität auszuhandeln, die sich zwischen den Polen der sexualisierten globalen Kultur und dem oft traditionellen Verständnis des Elternhauses erfinden muss. Was eine Gegenbewegung zur Familie und ihren Werten darstellt, kann aber durchaus auch mit einer in der Herkunftskultur etablierten Bild-Ästhetik und Inszenierungsqualität einher gehen – beispielsweise mit den in Südosteuropa beliebten und im Fernsehen allgegenwärtigen sexy Celebrities der Turbo-Folk-

---

14 Interviewausschnitt mit A.B. und N.S., Vertiefungsphase III, Gruppeninterview – Bülach.

Szene. S.J. beschreibt den Popstar-Style der Showgrössen folgendermassen: «Kurze Röcke, Minirock oder kurze Oberteile»[15]. Dieses Image lässt sich exemplarisch illustrieren an den Photographien der Showgrössen Svetlana «Ceca» Ražnatović *(Abb. 21)*, Severina Vučković *(Abb. 22)* und Newcomerin Sandra Afrika *(Abb. 23)*.

Abb. 21   Abb. 22   Abb. 23

Der den photographischen Selbstinszenierungen gemeinsame Ausgangspunkt ist der Wunsch nach der authentischen Abbildung des «Selbst». Das Selbstportrait bleibt aber in jedem Fall eine kritische und widersprüchliche Angelegenheit. Die Kultur- und Literaturwissenschaftlerin Elisabeth Bronfen spricht im Essay «Die hysterische Geste der Portraitphotographie» davon, dass die Problematik des Selbstportraits das «Beharren auf der Visualisierung eines verborgenen Identitätskerns» sei und dass das Selbstportrait durch «die Vervielfältigung und endlose Gestaltungsmöglichkeit gerade die Begriffe ins Schwanken bringt, die es zu garantieren suchte, nämlich dass es ein klar definierbares Selbst gebe».[16] Aber auch auf einer pragmatischen Seite ist die Angelegenheit komplizierter als es den Anschein macht: Um das Portrait mit dem Selbstbild in (die unmögliche) Übereinstimmung zu bringen, werden oft unzählige Aufnahmen gemacht, bis das «richtige» Bild dabei ist: Das Bild also, auf dem sich der User als «sich selbst» wiedergegeben und authentisch dargestellt empfindet. Wird das Portrait von einer anderen Person aufgenommen, zum Beispiel von einer Freundin oder einem Freund, kann sich die photographierte Person alleine auf das Posieren konzentrieren. Dafür muss sie aber die Kontrolle über den Bildausschnitt und den Zeitpunkt der Aufnahme an ihre Photographin abgeben. Portraitiert sie sich aber selbst, kann sie alleine über die Wahl des Ausschnittes und Zeitpunktes der Aufnahme bestimmen – wird im Spektrum der ihr möglichen Posen aber durch die technischen Bedingungen der

15   Interviewausschnitt mit S.J., Vertiefungsphase II, Gruppe A – Bülach.
16   Elisabeth Bronfen (2009), S. 244.

Foto-Handys und Digitalkameras stark eingeschränkt. Die Geräte geben vor, aus welchem Abstand und Winkel eine Aufnahme überhaupt möglich ist. Der Bildausschnitt wird also schlussendlich vor allem dadurch bestimmt, wie Modell, Kamera und Spiegel zueinander überhaupt stehen können und ob die Armlänge des Modells ausreicht, einen genügenden Abstand von Kamera und Körper herzustellen. Der Inhalt und die Ästhetik der Bilder sind denn oft auch geprägt durch groteske Verrenkungen, eigenwillige Bildausschnitte und über-kontrastierte Lichtverhältnisse und Blitzeffekte (*Abb. 24, 25, 26*).

Abb. 24   Abb. 25   Abb. 26

An den obigen Beispielen lässt sich anschaulich zeigen, dass Bilder immer technisch konfiguriert sind und die Gestaltung der Bilder immer auch unter dem Gesichtspunkt der tatsächlich möglichen Formen betrachtet werden muss. Das heisst auch, dass die technischen Bedingungen der Produktion (und der Modi-fikation und Manipulation) die Entwicklung der visuellen Ausdruckssprache der Jugendlichen beinflussen. Durch das Kopieren und Nachahmen inhaltlicher und ästhetischer Eigenschaften innerhalb der Community etablieren sich nicht nur inhaltliche, sondern eben auch formale und ästhetische Eigenschaften, die prä-gend für die Identitäten der Jugendlichengruppe und ihrer Akteure sind.

Portrait mit Landesflagge – Das Selbstportrait (und das Portraitbild allge-mein) ist ein Bild, das sich in den unterschiedlichsten Communities auf Net-log, Meinbild und Tagged finden lässt – wenn auch mit Unterschieden in der jeweiligen Inszenierungsästhetik und eingebettet in einen jeweils anderen Bedeutungshorizont. Im Gegensatz dazu ist das (Selbst-)Portrait mit der Landes-flagge ein Untertyp des Selbstportraits, der sich insbesondere bei Diaspora-Jugendlichen aus den Ländern und Regionen des ehemaligen Jugoslawien grosser Beliebtheit erfreut. Auch im Vergleich zu anderen Jugendlichen mit Migrationshintergrund und insbesondere im Gegenüber von Schweizer Ju-gendlichen: Inszenieren sich junge Schweizerinnen und Schweizer vor der Landesflagge, ist meistens ein «rechts-patriotischer» jugendkultureller Hintergrund feststellbar *(Abb. 27)*. Selten geschieht dies mit der spielerischen Unbedarftheit und (politischen) Absichtslosigkeit, wie dies bei Teenagern aus Kroatien, Serbien, Mazedonien, Bosnien und Herzegowina, Montenegro oder dem Kosovo meistens der Fall ist (siehe dazu auch die Ausführungen zu den Collagenbildern mit national-religiösen Motiven).

Abb. 27

Zwar lassen sich auch innerhalb der «Balkaner»-Szene kraftvolle nationalistische Inszenierungen beobachten. Sich mit der Landesflagge zu photographieren oder photographieren zu lassen, die Betonung der eigenen Ethnie, hat bei den meisten Diaspora-Jugendlichem aber wenig mit explizitem Nationalismus zu tun. Vielmehr sind die Inszenierungen auch ein Versuch, die Narration der Herkunft in der gegenwärtigen Situation kultureller Unentschlossenheit und Hybridität fortzusetzen. Entgegen der Radikalität der Inszenierung geht es dabei weniger um das Serbisch-Sein, Kroatisch-Sein etc. als darum, sich selbst in ein symbolisches Verhältnis zu den vom eigenen Leben gekappten Themen der Herkunftskultur zu setzten. Identitätsbildung über die Betonung der Differenz zu den nationalen Identitäten der Nachbarländer, wie man es vor dem Hintergrund der Desintegration von Jugoslawien erwarten könnte, findet nur selten statt. Sich zu Serbien zu bekennen meint zum Beispiel nicht, sich gegen den Kosovo zu stellen oder sich auf das konflikthafte politische Verhältnis zu Kroatien oder Bosnien und Herzegowina zu beziehen. Auf die Frage, ob es für ihre Freunde aus Kroatien oder aus dem Kosovo kein Problem sei, dass sie ein Bild mit der serbischen Flagge in ihrem Profil habe, antwortet N.S.: «Also die machen das ja auch. Ich nehme an, dass es für die kein Problem ist. Sie machen es auch und ich habe kein Problem damit. Ich bin relativ offen, und weshalb sollten sie es nicht auch machen, wenn sie wollen. Ich habe nichts dagegen und denke, dann haben sie auch nichts dagegen, wenn ich es mache.»[17]

---

17 Interviewausschnitt mit N.S., Vertiefungsphase III, Gruppeninterview – Bülach.

Wie aber sehen diese Bilder aus, auf denen sich die Jugendlichen mit der Landesflagge in Szene setzen? In der Analyse lassen sich vier unterschiedliche Bildtypen festmachen, die als die bevorzugten Motive und Inszenierungsstile bezeichnet werden können. Das am meisten verbreitete Motiv ist das (Selbst-) Portrait vor dem Hintergrund der Landesflagge. Die Flagge ist dabei mehr oder weniger prominent im Bildbereich aufgespannt: Einmal im fernen Bildhintergrund, als Fragment im Setting unterschiedlicher Objekte. Die Flagge wirkt auf den ersten Blick wie zufällig – die Häufigkeit des Motivs ist aber ein Hinweis darauf, dass die Flagge bewusst in Szene gesetzt ist *(Abb. 28)*. Ein anderes Mal wird die Flagge bildfüllend als Hintergrund für eine stehende oder oft auch liegende Person verwendet *(Abb. 29)*.

Ein zweites Motiv ist der (angedeutete) Kuss der Landesflagge, meistens als Close-Up des Torsos und der Flagge, oft auch des vom Stoff bedeckten Armes, der die Fahne zu den Lippen führt. Das Bild fixiert nicht nur den Moment der symbolischen Erweisung von Liebe und Loyalität zum Heimatland. Es zeigt den Kuss der Flagge als Moment der sinnlichen Begegnung mit dem abstrakten Konzept von Nation und Heimat *(Abb. 30)*.

Abb. 28   Abb. 29   Abb. 30

Ein drittes Motiv ist die Inszenierung von Flagge und Körper. Der Einsatz der Landesflagge als ein den Körper umhüllendes, bedeckendes oder auch betonendes Accessoire ist ein primär von jungen Frauen bevorzugtes Motiv *(Abb. 31)*. Es ist gewissermassen das Pendant zu den Bildern von jungen Männern, die ihren Körper, den trainierten Bizeps vor dem Hintergrund der Flagge photographieren – als Darstellung der Symbiose von körperlicher Härte und nationaler Stärke *(Abb. 32)*. Das Zusammenkommen von nationaler Identität und der Inszenierung von Geschlecht und Körper wird aber nicht in jedem Fall von der Community als positiv gewertet und ist abhängig von der Qualität der Inszenierung. Zwar ist, wer sich mit der Landesflagge photographiert, «eine stolze Frau mit viel Mut und gutem Charakter», wie S.J. bezüglich Abb. 31 festhält. Auch wenn sie sich selbst nicht so inszenieren würde: «Ich persönlich

mache das aber nicht. Mich macht es nicht so an, meine Flagge zu zeigen.»[18]
Für die Inszenierung mit der Flagge gilt in der Community dieselbe Etikette von
Stil und Style wie für andere Portraitbilder auch. Ein Outfit muss tragbar und
strassentauglich sein – was zu ausgefallen ist, ist unerwünscht. Der Kommentar
von P.S. bringt das auf den Punkt: «So würde sie ja nicht auf die Strasse laufen.
Es sollte schon so sein, dass man noch auf die Strasse laufen könnte. [...] Eher
wenn so Miss-Model-Show ist oder so etwas, ziehen sie ja so ein Dings da an.
Aber sie kann nicht einfach so zum Spass. Nein, das geht gar nicht.»[19]

Abb. 31   Abb. 32

Das vierte Motiv schliesslich ist das Gruppenbild, auf dem Jugendliche
mit der Landesflagge posieren. Diese Bilder – so lässt es sich aufgrund des
Bildhintergrundes erahnen – entstehen meistens im Kontext von Veranstaltungen wie Familienfesten oder Sportanlässen. Auffällig ist dabei, dass es
sich selten um Gruppen gemischten Geschlechts handelt und praktisch immer um junge Männer *(Abb. 33)*.

Abb. 33

Ebenso auffällig ist, dass sich die abgebildeten Jugendlichen fast immer
posierend und/oder mit einschlägigen Gesten in Szene setzen. Zum Beispiel

18   Interviewausschnitt mit S.J., Vertiefungsphase II, Gruppe A – Bülach.
19   Interviewausschnitt mit P.S., Vertiefungsphase II, Gruppe B – Bülach.

durch das Zeigen auf die Flagge, durch B-Boy-hafte Hip-Hop-Posen oder in der Pose des Denkers, der sein Kinn auf Daumen und Zeigefinger stützt, wobei es sich hierbei um eine Pose handelt, die auch in den Selbstportraits der jungen Männer häufig zu beobachten ist (vgl. *Abb. 20, 29* und *38*).

Zusätzlich zu den hier beschriebenen Motiven gibt es auch eine Vielzahl unterschiedlicher Bilder, auf denen Wappen und Nationalfarben auf Kleidungs-stücken, an Wimpeln oder auf Accessoires wie Schlüsselbändern und Mützen als Teil photographischer Inszenierungen abgebildet werden: in Selbstportraits, auf Party-Bildern oder als Schnappschuss eines Familienfestes – wenn auch die Abbildungen nicht auf diese Elemente fokussieren.

Collagenbilder – Collagenbilder und Bild-Text-Hybride erfreuen sich in den Sozialen Netzwerken des Internets besonderer Beliebtheit. Auch die Collagen-bilder finden sich quer durch alle jugendkulturellen Felder. In ihrer ästhetischen Qualität und bezüglich der Bildmotive unterscheiden sie sich aber deutlich voneinander. Der Fokus der Betrachtung liegt auch hier auf Collagenbildern, die Teil der Selbstrepräsentation von Jugendlichen aus den Ländern und Regio-nen des ehemaligen Jugoslawien sind. Im Kleinen stellen die Collagenbilder dar, was auch den Profilen von Netlog etc. eigen ist: das Zusammenführen unterschiedlicher Motive, Inhalte und ästhetischer Formen zu einem Konglome-rat von Bezugnahmen auf die Jugendkulturen, die globale Pop- und Konsum-kultur und auf die Herkunftskultur der Jugendlichen. In ihrer Mehrschichtigkeit und Vieldeutigkeit machen die Collagenbilder die Hybridität der Diaspora-Identitäten sicht- und nachvollziehbar wie kaum ein anderer Bildtyp. In den Collagenbildern vermengen sich Photographien, Ornamente und digitale Effekte, jugendkulturelle Codes, globale Brands und national-religiöse Sym-bole zu einem grandiosen Eklektizismus der Stile und Bedeutungen.

Wie zum Beispiel im Collagenbild von User «cro-sexy-style», ein Portrait des Users und seiner Kollegin *(Abb. 34)*. Die zwei Personen sind im Mittelgrund der Collage abgebildet und das gleich zweimal – schwarzweiss und zusammen mit vier Rosen, deren überdimensionale Blüten sich um die Köpfe der Ju-gendlichen gruppieren. Das Ganze liegt auf dem flächendeckenden Grund eines «Nova-Check»-Musters, dem Markenzeichen des englischen Luxusbrands Burberry. Im Bildvordergrund, über fast die gesamte Bildhöhe, liegt ein trans-parentes Playboy-Logo. Die Collage wird eingerahmt von einem gold-glänzenden Rahmen, der für den 3D-Effekt sorgt. Je zweimal und in unterschiedlichen Farben sind die Namen der abgebildeten Personen vertikal und in Schnörkel-schrift (Grossbuchstaben) geschrieben: SONJA und MATTY. An der Unterkante des Rahmens liegt der gespiegelte Ausschnitt eines Augenpaars und flankiert den Schriftzug, der Auskunft über den Beziehungsstatus von Sonja und Matty gibt: «Goljegaaaas» (was die Betonung des Wortes «Kollegen» im bei Jugendlichen beliebten «Balkan-Slang» ist).

Abb. 34

Das beschriebene Bild lässt keinen Zweifel darüber, dass der User die Gestaltungssoftware beherrscht. Auffallend ist auch die Sorgfalt und Präzision, mit der die visuellen Elemente platziert und komponiert sind. Der User hat eine Vielzahl bewusster formaler und inhaltlicher Entscheidungen getroffen, damit das Bild die «richtige» Form bekommt. Denn einerseits sollen die Collagenbilder viele (alle) Informationen und Bedeutungen enthalten, die der User zum Ausdruck bringen will. Andererseits ist die Wahl der Motive und die ästhetische Beschaffenheit bestimmt durch die jugendkulturellen Codes der Community und muss in der spezifischen Ausdruckssprache der Jugendlichen «gelesen» werden können. In Anbetracht der Copy/Paste-, Sampling- und Re-Kontextualisierungsstrategien der Jugendlichen und unter den Vorzeichen der Ambivalenz und Prozessualität der Codes und ihrer Bedeutungen fällt es allerdings schwer festzustellen, welche der Designs als solche intendiert sind und welche dem zufälligen Abschauen und Wiederverwenden geschuldet sind.

Die Collagenbilder und Bild-Text-Hybride der untersuchten Profile lassen sich unterscheiden nach den Themen, die in den Bildern behandelt werden. Familie/Liebe/Freundschaft ist ein Thema, das auf Netlog besonders viel Beachtung findet. Die untersuchten Bilder der jugendlichen «Balkaner» und ihrer Kollegen aus den kulturell hybriden Hip-Hop/Elektro-Communities zeichnen sich durch spezifische inhaltliche und ästhetische Qualitäten aus, die sie von den Bild- und Ausdruckssprachen anderer Jugendkulturen unterscheidet: Durch die Verwendung von Glamour-Elementen wie Sternchen, Strahlen und Glitzer *(Abb. 35)*, aber auch durch den Einbezug globaler Brands, Markenlogos und -ornamente, bevorzugt Burberry, Dolce & Gabbana, Louis Vuitton und immer wieder das Playboy-Häschen *(Abb. 36)*. Selten geht es dabei aber um die Marke selbst: Nicht Burberry, sondern das «Nova-Check»-Muster selbst ist der

Brand, auf den sich die Jugendlichen beziehen. Ob sie Kenntnis vom Original haben und die Marke Burberry in ihrem Bedeutungshorizont eine Kontur hat, ist allerdings fraglich.[20] Denn ebensowenig steht das Playboy-Bunny in direktem Bezug zum Männermagazin Playboy, es ist vielmehr ein global lesbares Statement für Sexyness und gutes Aussehen. Doch nicht nur Glamour und Beauty stehen Pate für die Bildsprache der «Balkaner»: Der Entwurf der eigenen Identität im Spannungsfeld von globalem Hedonismus und der Intimität von Freundschaft und Familie geht nicht selten einher mit der Darstellung von Melancholie und Sehnsucht nach Liebe und Heimat *(Abb. 37)*. Entsprechend sind die Slogans zu verstehen, die in schwülstig-folkloristischem Vokabular den Text für die Collagenbilder liefern: «BeSt FrieENDs TIL The END», «Ein Leben ohne Dich, will ich nicht !!!», «Proud to be Croat», «Mein ganzer Stolz ...».

Abb. 35   Abb. 36   Abb. 37

Nach den Themen Familie/Liebe/Freundschaft und Brands ist die eigene Herkunftskultur und die nationale Zugehörigkeit das dritte wesentliche Thema, das in und durch Collagenbilder verhandelt wird. Auch dabei findet der Umgang mit nationalen und religiösen Symbolen mal mehr und mal weniger explizit statt und oft – wie bei den Selbstportraits mit der Landesflagge – auf eine spielerische Art und ohne intendierte politische oder nationalistische Absicht. Das zeigt sich insbesondere in den Collagenbildern, in denen national-religiöse Symbole mit Logos und Ikonen aus der globalen Pop- und Konsumkultur und aus der Jugendkultur zusammenkommen *(Abb. 38, 39)*.

Auf den ersten Blick wird durch diese Art Collagenbilder die Bedeutung des Nationalen gegenüber jugendkulturellen oder popkulturellen Aspekten von Identität gemildert. Die nationale Identität ist nur eine von vielen Identifikationsmöglichkeiten, auf die sich die Jugendlichen beziehen. Problematisch werden diese Bilder aber dann, wenn ein ausserhalb der Community stehender Betrachter das Nebeneinander der Bezugnahmen nicht als solches lesen kann

---

20 Vgl. Richard Feurer, Jörg Huber, Matthias Michel (2008).

(und will) und die nationale Zugehörigkeit als die bevorzugte der vielen möglichen Bedeutungen des Bildes interpretiert.[21] Ganz falsch ist das nicht: Ihre Herkunft wird von vielen der Befragten als das stabile Herzstück ihrer Identität angesehen – von schweizerischen Jugendlichen und von solchen mit Migrationshintergrund. Kaum einer der User versteht denn auch, was an der nationalen Identität problematisch sein soll und warum deren Darstellung oft konflikthaft ist – schliesslich, so die Argumentation, hat sich keiner sein Heimatland ausgesucht. Die Prominenz national-religiöser Symbole in den Collagenbildern hat denn auch viel damit zu tun, dass ihre Herkunft von vielen der Jugendlichen als etwas für sie Wesentliches verstanden wird.

Abb. 38

Abb. 39

Ein Beispiel für die authentische Darstellung des «Selbst» ist das bei Jugendlichen aus den Ländern und Regionen des ehemaligen Jugoslawien beliebte Bild des (eigenen) Auges. Meistens ist das Bild eine einfache Close-Up-Aufnahme des Auges, auf den gewünschten Bildausschnitt zugeschnitten. In manchen Fällen montiert der User zudem die Nationalflagge seines Herkunftslandes in die Iris *(Abb. 40)*. Nicht immer geht es dabei um das eigene Auge. In der Community zirkulieren auch unpersönliche Collagenbilder, die das Augenmotiv mit der Landesflagge in Beziehung setzen *(Abb. 41)*. Auf die Frage

---

21   Vgl. Stuart Hall (2004).

«Wenn sie mir in die Augen schauen, wissen sie, was ich bin.»

nach dem Hintergrund und der Absicht dieses Motivs antwortet Userin N.S. zuerst: «Das Auge von sich selbst zu photographieren sieht einfach schön aus. Von dem her habe ich einfach die zwei Sachen verbunden.» Und ergänzt auf die Nachfrage, was das denn genau mit ihr als Person zu tun habe: «Eigentlich schon mit mir, denn ich bin ja Serbin und die Flagge ist das Symbol für mich. Ich bin Serbin und alle sollen es auch wissen. Und das mit dem Auge ist einfach so eine Kombination. Das ist jetzt etwas philosophisch. Wenn sie mir in die Augen schauen, wissen sie, was ich bin, sozusagen».[22]

Abb. 40   Abb. 41

5. Bilder auf Wanderschaft

Die Collagenbilder zeigen auf anschauliche Weise die Breite der Themen und Bezugnahmen, die für die Ausbildung und Ausgestaltung von Identitäten im «Dazwischen» und «Sowohl-als-Auch» der Kulturen und Lebensstile von Bedeutung sind. Im aktiven Umgang mit Bildern – als Autoren und Leser – entwickeln die Diaspora-Jugendlichen durch Bilder und in Bildern eine eigenständige Bild- und Ausdrucksssprache in der Schnittmenge verschiedener inhaltlicher, medialer und ästhetischer Codes und Referenzen.

Die Gleichzeitigkeit und das Mit- und Nebeneinander der (in ihrer Bedeutung oft ambivalenten) Bezugnahmen macht die Netz-Bilder – und insbesondere die Collagenbilder – zu wichtigen Agenten in kulturellen In- und Exklusionsprozessen. Nicht nur die Sozialen Netzwerke und die Profile der User, sondern die Bilder selbst sind Handlungsraum für die Vermittlung und Umwertung kultureller Mythen und Narrative. Die Bilder eröffnen Räume für das Entwerfen, Veröffentlichen und Diskutieren hybrider kultureller Identitäten. In den Bildern und Bild-Konstellationen bringen die User ihr Selbstbild auf den Prüfstand der eigenen Kritik und des Common Sense der Community.

---

22 Interviewausschnitt mit N.S., Vertiefungsphase III, Gruppeninterview – Bülach

Aber nicht die Erfindung von fantastischen Cyber-Identitäten steht dabei im Zentrum: Gefakte Identitäten sind auf Netlog ebenso tabu wie Inszenierungsformen, Stylings etc., die nicht alltags- resp. ausgangskompatibel sind (vgl. die Aussage von P.S. zu *Abb. 31*).

Trotzdem sind die visuell vermittelten Identitäten im Internet stark durch Bilder fremder und unbekannter Autorschaft bestimmt. Einerseits betrifft dies Bilder und Bildfragmente, die in den Collagenbildern zusammengeführt und in neue Bild-Text-Konglomerate transferiert werden. Dasselbe Bild kann in unterschiedlichen Kontexten verwendet werden, die eine jeweils andere Leseart provozieren. Dabei kann es sich sowohl um ein anonymes und von seinem Bildautor «befreites» Bild handeln als auch um dasselbe Portrait eines Users, das dieser durch das Design der Bildfläche in unterschiedliche Zusammenhänge setzt *(Abb. 42, 43)*.

Abb. 42   Abb. 43

Andererseits gibt es Bilder, die sich nicht nur in einer Community oder einem bestimmten Sozialen Netzwerk beobachten lassen, sondern in unterschiedlichen Handlungsräumen des Internet auftauchen. Diese unpersönlichen Collagenbilder sind gewissermassen Allgemeingut der Netzgemeinde. Sie werden nicht nur von diversen Usern verwendet, auch ihre Verwendung findet in unterschiedlichen Zusammenhängen statt: Dasselbe Bild kann beispielsweise nicht nur in der Gallery diverser User enthalten sein, sondern beispielsweise auch von einem anderen User als Benutzerbild (Avatar) in einem Forum gebraucht werden. Es kommt auch vor, dass diese Bilder im Detail modifiziert und mit neuen gestalterischen Elementen ausgestattet werden. Die Abbildungen 44 und 45 zeigen ein bei Jugendlichen aus den Ländern und Regionen des ehemaligen Jugoslawien beliebtes Collagenbild. Einmal als Bestandteil des Meinbild-Profils des Users «MISTER_AlBa» *(Abb. 44)*, das andere Mal aus dem Netlog-Profil der Bosnierin «GiinGstah__b_dann», die das Bild in der unteren linken Ecke zusätzlich mit der Adresse ihres Netlog-Profils ergänzt hat *(Abb. 45)*.

Abb. 44   Abb. 45

In den Überlegungen zum instrumentellen Charakter von Bildern spricht Tom Holert davon, dass Bilder «ziel- und zweckgerichtet gebraucht werden, und zwar selbst dann, wenn sie die ihnen ursprünglich zugewiesenen Zwecke verfehlen und in unvorhergesehenen Verwendungskontexten auftauchen».[23] «Instrumentell» sind Bilder für Holert dabei weniger, weil sie «einen identifizierbaren Autor oder eine Herkunft hätten, die ihren Zweck eindeutig bestimmen, sondern» – und das trifft speziell auch auf die zirkulierenden Bilder der Sozialen Netzwerke zu – «weil sie auf mal kalkulierte, mal ungeplante Weise benutzt, aktualisiert, konsumiert, operationalisiert, manipuliert oder zensiert werden».[24] Der Bildgebrauch der User ist dabei immer strategisch angelegt – wenn auch nicht immer mit gleicher Absicht und selten mit viel Gefühl für die Rezeption ausserhalb der Community. Die obigen Beispiele haben deutlich gezeigt, dass der Bildgebrauch kaum reflektiert wird hinsichtlich politischer, ethischer oder genderspezifischer Dimensionen.

Den Aspekt des zwar kalkulierten, vom Autor des Bildes und der abgebildeten Person aber kaum beabsichtigten Gebrauchs (wenn auch unter denselben medialen Bedingungen und zum selben Zweck) zeigen Abbildung 46 und 47 beispielhaft. Die beiden Bilder scheinen praktisch identisch zu sein: Abbildung 46 ist etwas schärfer, heller und brillanter im Farbumfang. Beide Bilder sind gleich aufgelöst, wobei Abbildung 46 etwas kleiner ausfällt als Abbildung 47. Die technischen Details der beiden Bilder deuten darauf hin, dass es sich zwar um dasselbe Motiv handelt, nicht aber um dasselbe Bild oder genauer gesagt: Um dieselbe Datei. Von grösserer Bedeutung als die technischen Spezifikationen sind aber die Quellen, denen die Bilder entnommen sind: Abbildung 46 ist aus einem Netlog-Profil. Die Userin, die das Bild veröffentlicht hat nennt sich «PLAYGIRL», ist gemäss ihren Profilangaben siebzehn Jahre alt, ihre Familie kommt aus Mazedonien. Im Gegensatz dazu zeigt Abbildung 47 ein Bild vom

---

23   Tom Holert (2008), S. 29.
24   Ebd.

Meinbild-Profil der Userin «italiaprincess16», Italienerin, ebenfalls siebzehn Jahre alt und ebenfalls in der Schweiz wohnhaft. Zu «ihrem» Bild schreibt «italiaprincess16» als Kontextinformation: «11.05.09 ich in italie ^^».

Abb. 46   Abb. 47

In seiner doppelten Bedeutung und gleichzeitigen Widersprüchlichkeit verweist dieses letzte Bildbeispiel auf ein grundsätzliches Problem, das die Deutungen der Bilder begleitet und sich nicht abstreifen lässt: Die Frage nach der Korrespondenz visueller Identität mit «dem Realen» lässt sich alleine über das Studium der Bilder nur partiell rekonstruieren und nie verbindlich deuten. Es gibt keinen Blick hinter die Bilder, deren Bedeutungsebenen in jedem Kontext von neuem überlagert und eingefärbt werden. Dass (Netz-)Bilder gerade aufgrund dieser Eigenschaft attraktive und für die Jugendlichen sinnvolle Schauplätze der Lancierung und Erprobung von Identitäten und Identifikation sind, ist anzunehmen – insbesondere für die Ausbildung hybrider Identitäten im «Dazwischen» und «Sowohl-als-Auch» der Lebensstile.

Die in den Sozialen Netzwerken angelegten Möglichkeiten zum unverbindlichen Austausch, zur Interaktion und zur unkomplizierten Bewirtschaftung des Profils zusammen mit der Möglichkeit der gleichzeitigen (aktiven) Bezugnahme auf unterschiedliche Bilder, Codes und Themen der Jugendkultur, der Herkunftskultur und der globalen Pop- und Konsumkultur machen Netlog zum favorisierten Netzwerk für diejenigen Jugendlichen, die sich zwischen ebendiesen Polen zurechtfinden und artikulieren müssen. Dass diese Prozesse nicht frei von Konflikten sind, zeigen nicht nur die Erfahrungen der Teenager selbst, der Erwachsenen und der an den Integrationsprozessen beteiligten Institutionen. Auch die Analyse der Bilder, des Bildgebrauchs und der diesem zugrunde liegenden Rhetoriken verweist nicht nur auf das Potential, sondern auch auf die Konfliktfelder, die den Umgang mit derartigen Bildern begleiten.

Die Darstellung und Besprechung der unterschiedlichen Bildtypen, Motive und ästhetischen Eigenschaften sowie ihrer Gebrauchsweisen im Internet und im Alltag geben Hinweise darauf, in welchen Bildsprachen sich Jugendliche aus den Ländern und Regionen des ehemaligen Jugoslawien ausdrücken und was ihre ästhetischen und inhaltlichen Referenzen sind. Und sie geben Auskunft darüber, wie durch visuelle Prozesse bestimmte Situationen von den Jugendlichen selbst gewertet werden, die in der Alltagskommunikation als problematisch für die Integration in die Berufs- und Bildungswelt sowie in den Alltag wahrgenommen werden – zum Beispiel in der Lehrstellenselektion und in der Sozialen Arbeit.

Mit dem Wissen um die Hintergründe und um die Bedeutung, die der Umgang mit Bildern für die Jugendlichen hat, kann ein reflektierter Umgang mit vermeintlich ethnisch, kulturell oder subkulturell codierten (visuellen) Ausdrucksformen möglich sein. Aber nur dann, wenn Bilder nicht als Beleg für eine Tatsache verstanden, sondern in der Offenheit, Ambivalenz und Widersprüchlichkeit ihrer möglichen Bedeutungen gelesen werden. Als Spielräume für das unverbindliche Erfinden und Ausprobieren von Identitäten – und nicht als Instrument für die Zuweisung stereotyper Eigenschaften. Durch wieviel Absicht oder Zufall, Originalität oder Nachahmung, Reproduktion oder kreative Eigenständigkeit diese Identitäten bestimmt sind, bleibt dabei offen. Denn Zuschreibungen und «fehlerhafte» Deutungen finden ebenso auf der Seite der «Autoren» wie auf der Seite derer statt, die die Bilder lesen und verorten: Sowohl bei den Jugendlichen als auch bei den Eltern oder Fachleuten aus der Sozialen Arbeit und der Berufs- und Bildungswelt – aber auch in der Forschung. Denn mit der «Wanderschaft» der Bilder und der Anerkennung ihrer grundsätzlichen semantischen Ambivalenz durch die Praxis werden die Probleme nicht geringer.

Bibliographie

Elisabeth Bronfen (2009): *Die hysterische Geste der Portraitphotographie*. In: Dies.: *Crossmappings. Essays zur visuellen Kulutr*. Zürich, Scheidegger & Spiess, S. 235–265.

Richard Feurer, Jörg Huber, Matthias Michel (Hrsg.) (2008): *BrandBody&Soul. GEPFLEGT:KRASS*. Berlin, Gestalten.

Stuart Hall (2004): *Das Spektakel des «Anderen»*. In: Ders.: *Ideologie, Identität, Repräsentation*. Ausgewählte Schriften Band 4. Hamburg, Argument, S. 108–166.

Tom Holert (2008): *Regieren im Bildraum*. Berlin, b_books.

KÖRPER,
POSE,
SELBSTPORTRAITS

Zusammengestellt von Patricia Pazin und Christian Ritter

Photographien: Netlog.com, meinbild.ch, tagged.com, mypix.ch, tilllate.ch

Die Auslegeordnung zeigt populäre Bilder und Bildtypen aus den Sozialen
Netzwerken des Internets: Selbstportraits, Collagenbilder oder Gruppenbilder,
aber auch Photos adriatischer Küstenstädte sowie Persönlichkeiten aus
Sport und Entertainment. Die Bilder stammen hauptsächlich – wenn auch nicht
ausschliesslich – von Usern, die als Herkunftsland die Länder und Regionen
des ehemaligen Jugoslawien angeben, mit Nicknames wie «SerBiisH__FiicTiioN»,
«bombaStiiS», «MakeDonceem» oder «εℓεκтяо-ряînсε» ...

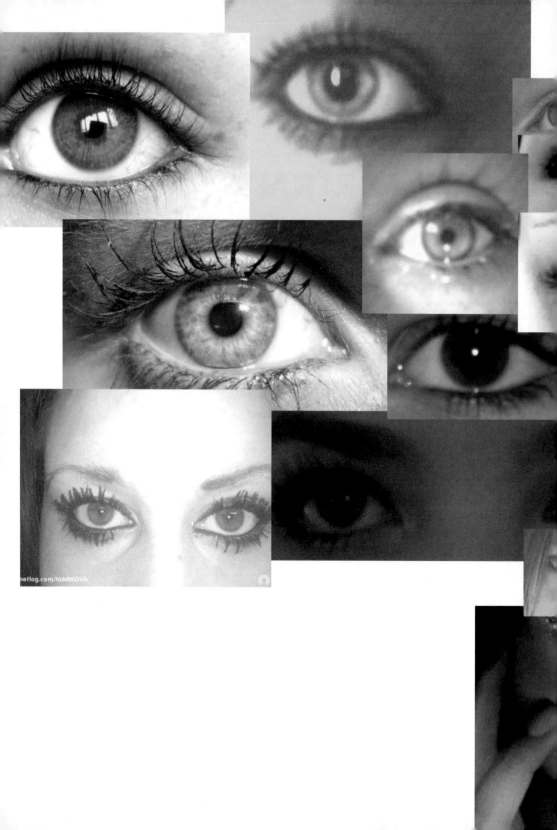

Edit By Dj DaKy

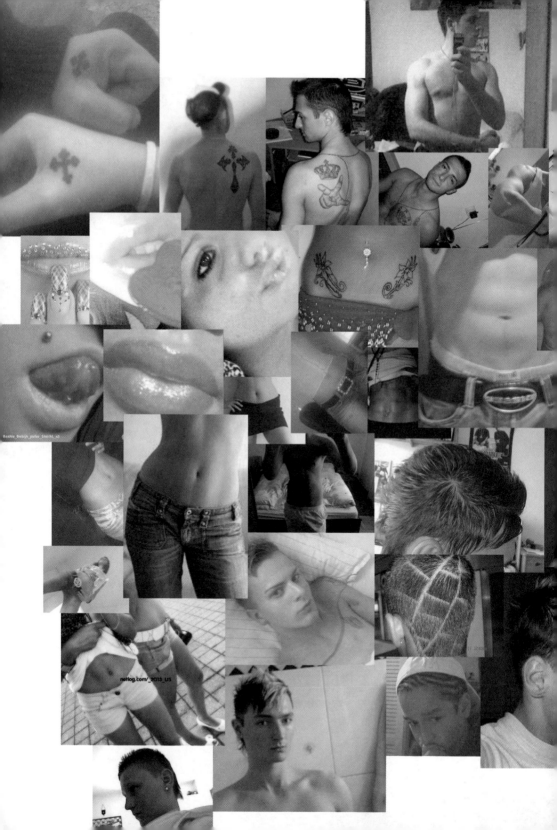

WEB 2.0
FREIZEIT UND SOZIALE NETZWERKE

Gabriela Muri

Im Artikel über *Identitäten und Ressourcen* wurde erläutert, wie Anerkennung eine zentrale Grundlage für die Identitätsentwicklung bildet:[1] Die von uns befragten Migrantenjugendlichen erhalten als RepräsentantInnen einer ausländischen Unterschicht auf verschiedenen gesellschaftlichen Ebenen oft geringe Anerkennung. Dabei nehmen die sozialen Netzwerke, in denen sich die von uns schwerpunktmässig untersuchten Jugendlichen bewegen und Bestätigung finden, eine zentrale Bedeutung ein: Welche Formen der Anerkennung und Ablehnung finden sie in welchen sozialen Kontexten? Wie gehen sie mit Differenzen und Spannungen zwischen in unterschiedlichen Alltagskontexten vermittelten Normen um? Welche Rolle spielen dabei die Aushandlungsprozesse im Web 2.0, insbesondere visuelle Ausdrucksmittel?

Fremde Freunde im Netz?[2]

Schule und Arbeitswelt werden oft als Kontexte erfahren, in denen die von uns untersuchten Jugendlichen Ablehnung erfahren. Alle besuch(t)en Übergangs-

---

1   Vgl. den Artikel von Gabriela Muri: «Wer bin ich?: Identitäten und Ressourcen» in diesem Band, besonders S. 8of.
2   Vgl. dazu Klaus Neumann-Braun, Dominic Wirz (2010).

klassen einer Institution, die im Rahmen der schwierigen oder gescheiterten Berufsintegration den Einstieg in die Arbeitswelt und das Suchen nach einer Lehrstelle begleitet.

Freizeitorientierung und die dabei relevanten sozialen Netzwerke unter Gleichaltrigen sind vor diesem Hintergrund entscheidend: Klaus Neumann-Braun bezeichnet die Peer-Groups als «untereinander hoch differente, nicht institutionell gebundene und biographisch ausgedehnte Gleichaltrigengruppen mit z.T. sehr lockeren Beziehungsstrukturen».[3] Gerade im Internet lassen sich Soziale Netzwerke im Vergleich zum Beispiel zu Peer-Groups im gleichen Quartier stärker durch zufällige Begegnungen ohne verbindliche Strukturen charakterisieren:

«C.R.: Zu welchem Zweck haben Sie ein Profil? S.J.: Spass, Leute kennen lernen. [...] C.R.: Lernen Sie über Netlog vor allem neue Leute kennen, oder sind das Ihre ‹richtigen› Freunde? F.R.: Bei mir sind es die Kollegen. Es ist für mich mehr ein Zeitvertreib. [...] F.A.: Ich schaue immer zuerst, wer es ist, und überlege mir dann, ob ich den annehme oder nicht. Meistens lehne ich sie ab. Meistens sind es Fremde. S.J.: Bei mir schaut wohl alles ein wenig anders aus. Ich gehe auch mal mit fremden Leuten aus, die ich von Netlog kenne. Daraus entsteht meistens Freundschaft. So vermehren sich dann die Freundschaften im Netlog. [...] C.R.: Wie prüfen Sie, ob jemand Ihr Freund werden kann? S.J.: Ich schaue erst seine Seite an, ob er zu mir passt mit seinem Style. Ich nehme nicht jeden an, z.B. wenn einer ein Punk ist. Den würde ich gleich ablehnen. Wenn einer eher House-Style hat mit der ‹Fritte› [Frisur] und so Sachen, würde ich ihn klar annehmen. C.R.: Sie investieren also auch Zeit, um die Profile der Leute anzuschauen, die Fotos etc.? S.J: Ja, auch ob er viele Kommentare hat. C.R.: Ist jemand mit wenigen Kommentaren nicht attraktiv? S.J.: Nein. C.R.: Warum nicht? S.J.: Keine Ahnung, das sind halt ‹Looser›. Das ist nicht böse gemeint.»[4]

«C.R.: Dann schauen Sie auch andere Profile an, schliessen Freundschaften etc.? A.D.: Ja... Ich schaue vor allem Bilder an auf anderen Profilen, zum Beispiel Netlog. Ich sage, wenn ich irgendwen vom Ausgang sehe, ‹Die kenne ich›. Dann schauen wir Bilder an, dann kann man auch Comments schreiben, treffen wir uns irgendwo...»[5]

---

3 Klaus Neumann-Braun (2003), S. 16.
4 Interviewausschnitt mit F.A., F.R. und S.J., Vertiefungsphase II, Gruppe A – Bülach.
5 Interviewausschnitt mit A.D., Vertiefungsphase II, Gruppe C – Bülach.

«Meistens lehne ich sie ab. Meistens sind es Fremde.»

Medien und soziale Netzwerke

Die Beispiele zeigen, dass der Alltag in Sozialen Netzwerken nicht ohne Einbezug medialer Vermittlungsprozesse betrachtet werden darf. Medien sind in der Gegenwart (nicht nur) bei Jugendlichen essentiell im Sinne sozial-integrativer, identitätsstiftender und sinngebender Prozesse, sie vermitteln affektive wie situative Bedürfnisbefriedigung.[6] Menschen definieren über Medienpräferenzen ihre soziokulturelle Zugehörigkeit. Sie können heute als Instrumente der Sozialisation und Enkulturation betrachtet werden, auch wenn der Grad ihrer Wirksamkeit in Konkurrenz zu Familie und Schule umstritten ist. Medien können die Entwicklung jedoch auch negativ beeinflussen, so durch ihren Konformitätsdruck, durch die Fremdbestimmung der (Frei-)zeit, durch Verzerrungen im Selbst- und Weltbild sowie durch die Gefährdung der Identitätsgrenzen in Chatrooms oder virtuellen Spielumgebungen:[7]

> *«Soziale Vergleichsprozesse in parasozialen Interaktionen und Beziehungen können zu einem für das Selbstwertgefühl ungünstigen Fazit führen. [...] Medien, die einen permanenten Fluss an Botschaften und Stimulationen erzeugen, können besonders dazu führen, dass man sich unwohl fühlt, sobald man sich offline befindet.»*[8]

Hier sind Nachteile in Bezug auf Kommunikationsprozesse im Rahmen von Facebook und Netlog offensichtlich. So werden Comments zu den Bildern gezählt und möglichst viele davon als positiv bewertet. Geschlechterspezifische Visualisierungen von Körperlichkeit sind mit dem Bild bzw. Selbstbild der dargestellten Jugendlichen verbunden, die im Face-to-Face Zusammentreffen innerhalb von Peer-Groups weniger pointiert daherkommen würden:

> *«S.J.: [...] Es geht eigentlich nicht darum, wie viel Comments man hat, einfach ... Doch, bei einigen Leuten ist das ziemlich wichtig. Es gibt ein paar Leute, die haben über tausend Kommentare in einem Bild ... [...]. Heute haben mich zum Beispiel nur acht Personen besucht, aber es gibt Tage, an denen über dreihundert Personen an einem Tag in dein Profil gehen. [...] C.R.: Was ist denn für dich das Wichtigste auf Netlog? Es gibt den Chat, es gibt Kommentare, Freundschaftslisten, Bildergalerien?*

---

6   Vgl. Dagmar Hoffmann, Lothar Mikos (2007), 7–8.

7   Vgl. Daniel Süss (2007), S. 122–124. Zum Suchtverhalten vgl. auch Heinz Bonfadelli (2004).

8   Daniel Süss (2007), S. 123–124.

S.J.: Ich selbst gebe es zu, ich bekomme genug Kommentare, wenn ich etwas runterlade. Die meisten versuchen immer etwas zu ‹punkten›, sie denken, sie seien die besten, wenn sie viele Kommentare haben, keine Ahnung, aber wenn man sie live sieht, sehen sie total anders aus. Denn die meisten bearbeiten die Bilder total. [...] C.R.: Dann sind die Bilder schon sehr wichtig bei Netlog? S.J.: Ja, ich denke schon. Es ist eigentlich wichtig, dass die Person gesehen wird, und dass alle sie sehen.»[9]

Abb. 48

«G.M.: Und hat es auch Kommentare gegeben – du hast gesagt, es gibt Neid – die dich wirklich verletzt haben? S.J.: Sagen wir mal so, ich war mal voll grosszügig und habe das dann reingetan. [Freizügiges Foto in erotischer Pose] Es ist grad so schnell passiert, dann haben die meisten Typen geschrieben so quasi, du bist für eine Nacht und so. Nachher habe ich es rausgenommen. Das hat schon gereicht. [...] Seitdem mache ich keine solchen Bilder mehr. Dann bekommst du nämlich auch noch viele Nachrichten, so unnötige, und dann fühlt man sich manchmal schnell verletzt deswegen. Lieber normale Bilder als solche. [...] C.R.: Ist das denn wichtig, das Anzeigebild? S.J.: Ja. Bei jedem Kommentar, den du jemandem schreibst, sehen sie es ja. Ok, ich gebe es zu: Wenn sie sehen, dass es eine Hässliche oder nicht so Schöne ist, dann wird sie gar nicht mehr angesprochen oder angeklickt. Ich denke, ein Bild muss schon ansprechend sein. C.R.: Wenn du dich mit deiner Freundin, mit der du das zusammen machst, privat triffst, redet ihr dann auch über Netlog und über diese Bilder? Oder zeigt ihr euch die Bilder, bevor ihr sie ins Internet stellt? S.J.: Ja wir reden schon darüber. Meistens stellt sie sie schon im Voraus rein und dann sag ich ihr schon, es sieht gut aus oder schlecht, oder so.»[10]

---

9 Interviewausschnitt mit S.J., Vertiefungsphase III, Einzelinterview – Bülach.
10 Ebd.

Im Gegensatz zu Chatrooms scheint bei Netlog das Kommentieren und Abma-
chen zu den Hauptfunktionen zu gehören, auch wenn es Jugendliche gibt, die
«Romane» über Abstürze und ihr eigenes Leben schreiben. Die Frage danach,
wen man darstellt auf den Bildern und wer man wirklich ist, bleibt unbestimmt:
S.J.: «Ich mach das alles als Spass. Ja, ich übertreibe manchmal mit den
Bildern, ich mache zwar ein bisschen Spass dran. Ich denke, ein bisschen
lustig …»[11] Eine eigene Jugendsprache, die die Befragten nicht preisgeben
wollen, und das Provozieren gehören dazu: «Manchmal provozieren wir die
Leute auch; Nuttenpose und so. Ich gebe es selber zu, [...]. C.R.: Und kommt
das gut an auf Netlog? S.J.: Also ok, als ich das gehabt habe, ist es schon gut
angekommen, bis es auch Frauen kommentiert haben. Das hat mich einfach
gestresst, weil diese Frauen, ich weiss nicht, die machen selber so Bilder,
man kann zwar schon sagen, du bist eine Nutte oder was auch immer, sie sagen
es dann auch den Kollegen weiter, ich will mit ihr nichts anfangen und so und
was auch immer [...] Nachher habe ich mein Profil mal eine Zeitlang blockiert
für alle, das heisst, es müssen alle befreundet sein, bevor sie mit mir irgendwie Bilder anschauen können. Oder ich könnte Kommentare zuerst anschauen
und dann veröffentlichen, das geht auch bei Netlog.»[12]

Trotz der beschriebenen Probleme sind die Grenzen einer freizeitorientier-
ten Alltagskommunikation zur Mediennutzung als Ressource fliessend. Medien
wie Facebook und Netlog sind heute Bausteine einer anregenden sozialen
Umwelt:[13] So werden sie zu Lernfeldern in Bezug auf die technischen Möglichkeiten der Internetkommunikation und der Bildbearbeitung: «S.J. ‹Zitieren›:
Man sieht dann den ganzen Ablauf, wann wer was geschrieben hat, mit dem
Nicknamen. Man kann Privatnachrichten schreiben, Freundschaft anbieten,
MSN schreiben. [...] G.M.: Das hast du selbst gelernt? S.J.: Ja. Da gibt es einfach
so Farben, wie du das machen willst. Zum Beispiel ‹schriftlich› kannst du auch
machen. Ich habe jetzt für ‹gross› gemacht, dann sieht man alles. Wenn ich
mache ‹klein›, wird es immer kleiner und da kann man es quasi nicht lesen.»[14]

Mediennutzung erfordert zudem bewusstes persönliches Zeitmanagement:
«G.M.: Wie lange habt ihr jetzt dafür gebraucht? S.J.: Für das brauchst du nicht
so viel zum Gestalten, aber für das da oben dran (Head-Banner) brauchst du
viel. Jetzt gehen wir zu ‹Verwalten› und dann zum Beispiel will ich es gestalten,
dann gehe ich zu ‹design›, also das eigene Design von mir. Also es ist schon

---

11   Ebd.
12   Ebd.
13   Daniel Süss (2007), S. 125–127.
14   Interviewausschnitt mit S.J., Vertiefungsphase III: Einzelinterview – Bülach.

schwer, wenn du richtig Ahnung hast, geht es schon schneller. Trotzdem, man muss sich viel Zeit nehmen.»[15] Viele der befragten Jugendlichen geben in den Interviews an, dass sie früher viel mehr Zeit mit Facebook und Netlog verbracht haben, heute aber lieber die Zeit für die Schule oder andere Freizeitbeschäftigungen nutzen. Die meisten schauen jeden Tag oder einige Male pro Woche kurz rein: «G.M.: Und wie lange verbringen Sie denn damit? M.B.: Maximal zwei Stunden pro Tag. Früher war ich viel mehr drauf – da ich arbeite habe ich wenig Zeit. G.M.: Aber zwei Stunden sind doch noch relativ lang – was machen Sie denn in dieser Zeit? M.B.: Einfach surfen, MMS schreiben, Sound hören...»[16]

Medienkompetenz gehört heute zu den wesentlichen Elementen gesellschaftlicher Handlungsfähigkeit: Medien ermöglichen auch Probehandeln im Rahmen der Übernahme gesellschaftlicher Rollen und der Ausgestaltung und Inszenierung der Identität. Medienaneignung öffnet verschiedene Felder sozial verorteter Selbstgestaltung und sozialer Anschlusskommunikation in vielfältigen Beziehungen, aber auch genderspezifisch: «G.M.: Machen Sie das viel? T.K.: Nicht mehr so oft. Ich hasse es, wenn mir ein Vierzehnjähriger Freundschaft anbieten will, den ich gar nicht kenne. [...] Man kann die Privatsphäre bei Facebook und Netlog auch einstellen, wer darf das Foto anschauen, wer darf was lesen. Und ich habe ein beschränktes Profil für diejenigen, mit denen ich nicht befreundet bin. Es geht ja niemanden etwas an, was ich genau mache und wie meine Bilder aussehen.»[17]

Gerade Jugendliche verfügen heute über Medienexpertenwissen als Element der Selbstgestaltung und -darstellung *einerseits*, aber auch in Bezug auf Stile der Medienaneignung, die Zugehörigkeiten und Distanz markieren, *andererseits*: «S.J.: Zum Beispiel da bei dem Bild schreibe ich als Notiz zum Beispiel ‹Ich bin das, was du niemals sein würdest, also pack deinen Neid und verpiss dich›, zum Beispiel. Ok, es sind vielleicht ein paar Sprüche provozierend, aber ...»[18]

Facebook und Netlog als Proberäume der Selbsterfahrung

Jugendliche schaffen sich neben Familie, Schule und Berufswelt eigene Räume und Netzwerke mit anderen Regeln und Bedeutungen und grenzen sich dabei willentlich von Erwachsenen ab. Spezifisch auf Migrantenjugendliche bezogen

---

15   Interviewausschnitt mit S.J., Vertiefungsphase III: Einzelinterview – Bülach.
16   Interviewausschnitt mit M.B., Vertiefungsphase II, Gruppe C – Oerlikon.
17   Interviewausschnitt mit T.K., Vertiefungsphase II, Gruppe A – Oerlikon.
18   Interviewausschnitt mit S.J., Vertiefungsphase III, Einzelinterview – Bülach.

ergeben sich zusätzliche Abgrenzungen durch selektiv geöffnete Kommunikationsräume im Internet: Sie nutzen im Vergleich zu schweizerischen Jugendlichen mehr Fernsehprogramme aus unterschiedlichen Kulturen (Herkunftsland, schweizerische Medien, amerikanische Serien) und nutzen das Internet mehr und kompetenter für Formen visueller Selbstdarstellung.[19] Allerdings findet diese Kompetenz wiederum vor allem innerhalb der eigenen Jugendkulturen Beachtung. Aus Sicht einer multikulturellen Perspektive auf Migrantenjugendliche ist der differente Medienkonsum ein typisches Defizit. Aus Sicht einer kreolisierten Gesellschaft ist die Nutzung der Medien ein spezifisches Merkmal der Migrantenjugendlichen, das nicht mit der Herkunftskultur gleichgesetzt werden darf. Der kreative Umgang mit dieser Differenz wiederum ist Teil einer hybridisierten Kultur, die aus milieuspezifischen, Herkunftskultur-spezifischen, internationalen und Einwanderungsland-spezifischen medialen Angeboten auswählt. In migrationsspezifisch ausgerichteten Kommunikationsräumen wie Facebook oder Netlog werden Differenzen dargestellt und ausgehandelt und diese wiederum in Freizeitpraxen reproduziert, die teilweise vor dem Hintergrund der Migrationserfahrung stehen. Mediale Kultur der Heranwachsenden im Sinne einer globalen «Jugendkultur» ist daher nicht gleich verteilt:

«Die Integrationsversuche in eine Gesellschaft, die in ihrer medialen Darstellung der Rapper und Rockstars, Schauspieler und Models, Rennfahrer und Torjäger gar nicht zu erkennen gibt, welche tagtäglichen Anforderungen sie an den ‹normalen› Jugendlichen stellt, sind unter diesen Voraussetzungen nur auf einer Ebene möglich, die von vornherein disqualifizierend wirkt und so ökonomisch und kulturell defizitäre Ausgangs konstellationen noch verschärft. ‹Multikulturelle› Verbindungen entstehen nur im Rahmen einer Deprivation, die Migrantenkinder und Jugendliche aus den Unterschichten von der herrschenden Kultur ausschliesst. Und dieser Ausschluss beginnt dort, wo diese Kultur den Heranwachsenden nach ihrem Bild zu beurteilen beginnt – in der Schule.»[20]

Die befragten Jugendlichen wachsen mehrheitlich in einem Umfeld auf, in dem sie weniger offen über Fragen der Körperlichkeit und genderspezifische Rollenmodelle diskutieren können, dies auch aufgrund der oft traditionellen Rollenbilder in ihren Familien. Dies gilt auch in Bezug auf die Diskussion über mediale Nutzungsmuster und Inhalte innerhalb der Familie:

---

19 Vgl. Heinz Bonfadelli, Priska Bucher (2007), S. 137–152.
20 Franz Schultheis, Pasqualina Perrig-Chiello, Stephan Egger (Hrsg.) (2008), S. 135.

Bonfadelli und Bucher untersuchten 2004 das Mediennutzungsverhalten von 1468 Zürcher Jugendlichen im Alter von zwölf bis sechzehn Jahren, davon ein Drittel aus schweizerischen Familien, zwei Drittel aus Familien mit Migrationshintergrund, wobei letztere in Abhängigkeit zum tieferen Bildungsmilieu der Eltern als auch bei der eigenen Bildung (34% Realschüler im Vergleich zu 7% bei den «Schweizern») durch ein niedrigeres Niveau auffallen.[21] Im Vergleich zu Jugendlichen aus Italien sind diese Zusammenhänge bei Jugendlichen aus der Türkei und noch stärker aus Nachfolgestaaten des ehemaligen Jugoslawien deutlicher. Der mediale Versorgungsgrad ist generell hoch, Schweizer Familien sind bezüglich Printmedien besser ausgestattet, während Migrationsfamilien eine bessere Versorgung mit Satellitenantennen aufweisen. Auffallend ist insbesondere die bessere PC- und Internet-Austattung im Vergleich zur Gesamtbevölkerung bei Familien mit Schulkindern. Die bessere Ausstattung mit elektronischen Medien im eigenen Zimmer bei Jugendlichen mit Migrationshintergrund (Internet: Türkei 64%, Nachfolgestaaten des ehemaligen Jugoslawien 56%, Schweiz 30%) deutet darauf hin, dass Neue Medien häufig speziell für Kinder angeschafft werden, obwohl die Eltern diese nicht nutzen. Internet wird von Migrationsjugendlichen länger (10.3 Std. gegenüber 7.9 Std. wöchentlich) und häufiger (täglich: 39% gegenüber 31%) genutzt, interessanterweise gleich häufig zur Information wie zur Unterhaltung.

Die von uns befragten Jugendlichen bestätigen diese Ergebnisse im Wesentlichen: Die meisten Eltern wissen, dass ihre Kinder oft im Netz sind – sprechen jedoch nie mit ihnen darüber. Durch Facebook und Netlog verfügen die Jugendlichen so über grosse Freiräume, Fragen und Probleme der Privat- und Intimsphäre, der Grenzsetzung und -überschreitung zu erproben:

«G.M.: Haben Sie schon Freunde kennengelernt? M.B.: Ich habe auch viele Freunde kennengelernt. Ich habe jedoch auch viele negative Erfahrungen gemacht. G.M.: Welche denn so? M.B.: Wenn ich Typen kennenlerne. Ich lasse mich nicht schnell ein, aber manchmal kann es passieren. G.M.: Dann werden Sie aufdringlich und so? M.B: Ja, genau oder sie wollen eine Beziehung anfangen und ich nicht ... G.M.: Ist das auch bei Ihnen ein Grund? N.E.: Der Wortschatz von denen hat mir nicht gefallen... G.M.: Das haben Sie selber entschieden, nicht die Eltern? N.E.: Nein, die haben das gar nicht gewusst. Es hatte auch mit meinem Freund zu tun...»[22]

---

21 Heinz Bonfadelli, Priska Bucher (2007), S. 142–147.
22 Interview mit N.E., Vertiefungsphase II, Gruppe C – Oerlikon.

Die Jugendlichen unterscheiden zwischen Vor- und Nachteilen bei Facebook und Netlog, sie geben je nach Plattform bewusst ihr richtiges Alter an und wissen, dass das Profil für über Achtzehnjährige gesperrt werden kann – dies jedoch aufgrund von Diskussionen innerhalb der Peer-Group und nicht mit den Eltern: «S.J.: Wenn z.B. ein Typ dein Profil anschauen will und über achtzehn ist, kommt er nicht rein. Dass das so geschützt ist, finde ich gut.»[23] Damit verfügen sie über eigenständig angeeignete Medienkompetenzen nicht nur im Vergleich zu ihren Eltern, sondern auch zur Erwachsenengesellschaft allgemein und lernen, Grenzen probeweise zu überschreiten, sich bewusst abzugrenzen und zu differenzieren. Diese Kompetenzen werden – so eine unserer Thesen – in der schulischen wie in der beruflichen Sozialisation vergleichsweise wenig anerkannt, obwohl sie sich auf grundlegende zukünftige (medien-)gesellschaftliche Entwicklungen beziehen und daher als Ressource genutzt werden müssten. Einer der Gründe, weshalb diese Ressourcen nicht genutzt werden, ist derjenige, dass sowohl in der Schule als auch in der Lehrlingsselektion die Kompetenzen einer jungen medienorientierten Generation generell, aber in Bezug auf die von uns befragten Migrantenjugendlichen im Besonderen nicht wahrgenommen und integriert werden. Dies ganz im Gegensatz zum jugendlichen Alltag, in dem das «Dazwischen» gerade in Bezug auf multikulturelle Zuordnungen im weitesten Sinne prominent vertreten ist.

«Dazwischen»: Überschreiten, Abgrenzen, Differenzieren

Das «Dazwischen» ist schon längst Teil unseres Alltags: Die Gesellschaft der Schweiz ist geprägt durch Effekte der Migration und Multikulturalität, nicht nur in Bezug auf eingewanderte Menschen, sondern auch auf ständig in den Medien zirkulierende Bilder des «Anderen»: Die Cultural Studies gehen denn auch davon aus, dass Kultur als Zirkulation von Bedeutungen in ihren sozialen und ökonomischen Kontexten von Macht und Politik untersucht werden muss. «Kultur» wird dabei als Kampf um Bedeutungen umschrieben, der durch ein Wechselspiel von Artikulationen und Performanz über den Sinn bzw. Wert von Traditionen und Repräsentationen bestimmt wird. Kultur wird damit in eine Vielfalt von gleichberechtigten Spezialkulturen, kulturellen Praktiken, Stilen oder Szenen aufgebrochen. Es geht nicht um «objektive» Sinnstrukturen kultureller Texte, sondern um rasch vorübergehende Augenblicke ihrer Rezeption in einem dynamischen und widersprüchlichen Umfeld. «Kultur» ist ein «offener

---

23   Interview mit S.J., Vertiefungsphase II, Gruppe A – Bülach.

Horizont» von realisierbaren alternativen Programmprojekten und -anwendungen, die ständiger Veränderung unterliegen.

Dennoch wird das Bild des «Fremden» und des «Ausländers» in der Schweiz stark von Stereotypen über «die jugendlichen Ausländer» mitbestimmt. Es bleibt daher für unser Forschungsvorhaben die Frage, inwieweit hier das virtuelle Kommunikationsfeld Web 2.0 herkunftsspezifische Differenz akzentuiert oder unabhängig von ausgrenzenden Alltagserfahrungen variable Zugehörigkeiten fördert. Hier spielt Visualität als Teil eines bedeutenden jugendkulturellen Wertesystems eine zentrale Rolle: Wenn sich Jugendliche inszenieren (sich «designen»), dann immer auch unter den Vorzeichen ihrer Herkunft, ihrer angestammten Kultur und vor dem Hintergrund ihrer Lebensweise im «Dazwischen» der Kulturen und Lebensstile. Dieses «Dazwischen» wird sowohl in Face-to-Face-relevanten sozialen Aktivitäten wie im Proberaum Internet relevant, verknüpft, verbindet sich zwischen Kommunikationsfeldern, entwickelt aber auch Eigenheiten, die nur in virtuellen Netzwerken relevant sind. Hier wird das (Selbst-)Design zur Ressource, um Zugehörigkeiten zu gestalten, auszutauschen und zu erfahren.

Virtuelle Kommunikationsräume erweisen sich als Felder der Bedeutungs- und Differenzproduktion sowohl in Bezug auf Kommunikationsprozesse als auch der Differenz- und Identitätsproduktion. Jugendliche lernen in einem Kommunikationsraum, der unabhängig von Erwachsenen ist, Privat- und Intimsphäre zu bewerten und Erfahrungen mit Grenzüberschreitungen zu machen. Dies sowohl bei Jugendlichen aus stigmatisierten als auch aus nicht stigmatisierten Herkunftskulturen: «G.M.: Spielen Net-Communities aus Ihrem Herkunftsland eine grosse Rolle? N.Y.: [...] Jetzt habe ich vor allem mit Ausländern zu tun, Schweizern fast keine. G.M.: Weshalb nicht? N.Y.: Ich kenne fast keine Schweizer ...»[24]

Die Sozialen Netzwerke – sowohl im «real life» als auch im Netz – beziehen sich zwar auf den Migrationshintergrund, jedoch in unterschiedlichem Masse. So zieht eine Albanerin oder Kosovarin für Kontakte auf Netlog Jugendliche aus dem eigenen Herkunftsland vor. Dies einerseits weil sie bereits an mögliche (Paar-)Beziehungen denkt und diese im selben Milieu einfacher seien. Andererseits erfahren gerade Jugendliche aus Nachfolgestaaten des ehemaligen Jugoslawien immer wieder Ausgrenzungen und Ablehnung:

«G.M.: Gibt es etwas, das Ihnen wichtig ist, ob Sie einen Freund annehmen im Internet? T.K. [Schweizerin, mit nationalistischem Hintergrund, Anm. d. Verf.]: Ja, ich möchte nicht rassistisch tönen, aber ich nehme

---

24   Interviewausschnitt mit N.Y., J.R., Vertiefungsphase II, Gruppe C – Oerlikon.

zum Beispiel keine Albaner an, die ich nicht persönlich kenne. Es gibt
schon Ausnahmen, etwa einen Kollegen, den ich aus der Schule kenne.
[D.T. ist Albaner und schaut genervt und verlegen weg.] G.M.: Weshalb
dann nicht? T.K.: Die schreiben immer zu direkt, z.B. einem Mädchen, das
nicht so gut aussieht, schreiben sie böse Schimpfwörter, [...].»[25]

Die bereits erwähnte Albanerin wiederum betrachtet den schreienden Vater
zuhause als möglichen Grund für Ablehnung: N.E.: «Dann kommen sie zu mir
nach Hause – ich weiss nicht was sie denken, wenn mein Vater mich anschreit
oder etwas macht ... Aber die aus meiner Kultur verstehen dann das, sie denken, ah typisch Albaner.»[26] Die Nationalflagge als Bettüberwurf betrachtet sie
hingegen als spielerisches Accessoire, dessen sich auch andere bedienen würden. Auf die Frage, ob KollegInnen darauf reagieren, antwortet sie: «Nein, gar
nicht. Italiener haben das ja auch an den Autos. G.M.: Die Flagge ist also kein
Zeichen dafür, dass Sie eine besondere Patriotin wären? [Beide lachen.] N.E.:
Nein, das sowieso nicht ... Es ist einfach da, weil ich es schön finde.»[27]

Solche Erfahrungen verlangen nicht nur nach der ständigen Befragung
der eigenen (kulturellen) Identität und nach einer steten Beobachtung und
Überprüfung des Verhältnisses zur Herkunftskultur und zur Kultur des Aufnahmelandes, sondern auch nach einer ständigen Weiterentwicklung des Le-
sens der Codes der anderen und des Aussendens eigener Codierungen: Die
Konstruktion und Inszenierung von Identitäten ist gerade bei gegenwärtigen
Normen in der Jugend- und Konsumkultur immer mit Akten der ästhetischen
Veräusserung und Gestaltung verbunden. Dabei ist der vertraute soziale und
kulturelle Kontext, in dem etwas eine hohe Bedeutung erhält, entscheidend
für die Selbstwahrnehmung und -inszenierung. Das können die tendenziell
multikulturelle Peer-Group wie auch die Familie sein: «D.T.: Ja, ich bin huere
lang vor dem Spiegel [...] Ich wollte schon als kleiner Junge immer so breite
Hosen anhaben. G.M.: Wegen einem Bruder? D.T.: Cousins und so.»[28] Design
funktioniert dabei als eine spezifische Ausdruckssprache im Kontext von Migration und transkultureller Identitätsbildung: Design wirkt als dynamischer und
performativer Faktor in gesellschaftlichen Inklusions- und Exklusionsprozessen,
als Instrument zur Auslotung der gesellschaftlichen und kulturellen Bedingungen von Migration und Integration.

---

25 Interviewausschnitt mit T.K., D.T., Vertiefungsphase II , Gruppe A – Oerlikon.

26 Interviewausschnitt mit N.E., Vertiefungsphase II, Gruppe B – Oerlikon.

27 Interviewausschnitt mit N.E., M.B., Vertiefungsphase II , Gruppe C – Oerlikon.

28 Interviewausschnitt mit D.T., Vertiefungsphase II , Gruppe A – Oerlikon.

«Du kannst so **hübsch** sein wie du willst, wenn der **Style** nicht mitspielt, dann bist du **wie egal.**»

Visuelle Codierungen als Bausteine für hybride Identitäten

Visuelle Codes treten nicht nur im Rahmen der Erfahrungsmodi des «Dazwischen» auf, sondern sie machen auch Zugehörigkeiten sichtbar und tragen dazu bei, kollektive wie individuelle Identitäten auszubilden und zu erproben. Visuelle Codierungen prägen aber auch Wahrnehmungen und Vorstellungen von aussen und beeinflussen die Zuschreibung von Identitäten und die Herstellung von Images und Vorurteilen. Die Wahrnehmung und das Verständnis der Codes sind dabei nicht von den ästhetischen und medialen Eigenschaften ihres Trägers (Kleidung, Photographie, Körper, etc.) und den in diesen angelegten (impliziten und expliziten) Bedeutungen zu trennen.

Der Umgang mit solchen Medien und ihren Codierungen findet im Rahmen von Alltagskommunikation statt. Dabei überlagern sich verschiedene Praxen, Erfahrungs- und Interpretationszusammenhänge. Sie werden im Rahmen der Migrationserfahrung, der Herkunftsfamilie, der Jugendlichengruppe, aber auch in Ausbildungs- und Berufsbildungskontexten reproduziert und neu interpretiert. Dabei geht es immer um die Realisierung von Bedeutungen als Gestaltungsprozesse des eigenen Lebensstils, der Oberflächen, des Körpers, des Habitus. Alle Jugendlichen betonen denn auch, dass sie öfters Fotos von sich selbst und voneinander in der Gruppe machen. Meist machen sie die Bilder mit dem Handy und laden sie dann auf den PC. Alle bearbeiten in ihrer Freizeit Bilder, meist auf Netlog.

Visuelle Codierungen wie Kleidung, Styling, Frisur oder Posen sind Bausteine komplexer Design- und Kommunikationsprozesse.[29] Aus ihnen werden Identitäten «zusammengebaut» und sie bilden – je nach Lesart – Fläche für Interpretationen und Zuschreibungen von aussen. Der Designprozess beginnt dort, wo diese Codes zusammengetragen und verdichtet werden, wo sie verborgene Bezüge sichtbar machen und wo sie hinsichtlich einer *Funktion* – etwa der Ausbildung einer Gruppenidentität – gestaltet und verwendet werden:

«G.M.: Wenn jemand kommt, den ihr mögt und der ist überhaupt nicht gestylt, dann lacht ihr den aus? D.T.: Nein, der gehört zu uns. G.M.: Sagt ihr ihm nicht, du musst dich im Fall so oder so stylen? D.T.: Nein, wir sind offen – einer für alle, alle für einen, so ist das bei uns. G.M.: Und wie fühlen Sie sich eher? Mit Ihrem Herkunftsland verbunden oder als Zürcher? Oder alles gemischt? [D.T. nickt.] G.M.: Und wenn Sie sich entscheiden müssten? D.T.: Da in der Schweiz – ich bin da aufgewachsen,

---

29   Vgl. dazu auch Beate Grossegger, Bernhard Heinzlmaier (2007).

da geboren, da in die Schule gegangen. Das ist schon meine Heimat. Aber auf mein Land Kroatien bin ich auch stolz.»[30]

Vor diesem Hintergrund gilt das Interesse des Forschungsprojekts einerseits der Sichtbarmachung bestimmter kultureller Narrative und den Orten ihrer Konstruktion und Rezeption. Andererseits gilt es der Aneignung, Weitergabe und Umwertung kulturell und sozial bedeutsamer visueller Codes:

«C.R.: Wann sieht man dann gut aus? F.R.: Keine Ahnung ... Wenn man gut ‹drauf› ist. S.J.: Style sagt eben schon viel aus. Du kannst so hübsch sein wie du willst, wenn der Style nicht mitspielt, dann bist du wie egal für die anderen. F.R.: Für Dich! S.J.: Für mich ist das so. Ein Hässlicher, der Style hat, würden viele annehmen, weil er Style hat. Für mich ist das so, für andere ist das anders. C.R.: Was macht für Sie ‹Style› aus? S.J.: Die Haltung der Leute. Meistens schreiben sie auch viel im Profil. Letzthin habe ich das Profil von einem Typen angeschaut, oh Gott! Als ich gelesen habe, was der geschrieben hatte, hat es in meinem Kopf schon abgeschaltet. Was der geschrieben hat, im Sinne von ‹scheissegal, scheiss auf Schule, scheiss auf dies, scheiss auf das›. Das löscht bei mir auch manchmal ab. Solche Typen kann ich nicht haben. Oder auch solche, die sich zu krass fühlen. [...] C.R.: Wie ich Sie verstanden hab, geht es Ihnen bei Style nicht nur ums Aussehen, sondern auch darum, was einer z.B. schreibt? S.J.: Doch, natürlich schon das Aussehen. Das war vorhin einfach meine Meinung. Wenn einer hässlich ist und einen geilen Style hat, nimmt man ihn automatisch an. Er ist einfach ‹sauber›.»[31]

Vestimentäres Handeln und Inszenierung der eigenen Körperlichkeit stellen also *einerseits* Repräsentationen der eigenen Individualität dar. Sie beziehen sich *andererseits* stets auf eine soziale Ordnung im Sinne kulturellen Kapitals,[32] indem Kleidung und Habitus gemeinsam ausgehandelt werden – oder wie die Fortsetzung des oben zitierten Gesprächs verdeutlicht: «C.R.: Man muss also die richtigen Kleider tragen und die richtige Pose machen, um Ihnen zu gefallen?

---

30 Interviewausschnitt mit D.T., Vertiefungsphase II , Gruppe A – Oerlikon.
31 Interviewausschnitt mit S.J. und F.R., Vertiefungsphase II, Gruppe A – Bülach.
32 Vgl. dazu Alexandra König (2007). König bezieht sich auf die Kulturtheorie Bourdieus und vertritt die These, dass der «individuelle Stil» im Rahmen der kollektiven Aushandlung des Sich-Kleidens und Stylings einen klassenspezifischen Habitus widerspiegelt und Mechanismen sozialer Ungleichheit zum Tragen kommen.

S.J.: Die richtige Pose zu machen, das finde ich einen der ganz wichtigen Punkte. Eine schlechte Pose ist z.B., wenn man einen Kilometer entfernt ist und ein Foto macht und das dann auf Netlog stellt. Die richtige Pose ist eine von nahe, wo man dich richtig sehen kann und du eine richtige Haltung machst und sagst, wer du bist.»[33] Soziale Ordnung wird über Selbst-Präsentation sichtbar gemacht, auch wenn die spielerische und kreative Seite eine zentrale Rolle spielt. Dabei vertritt König die These, dass eine Art Individualitätsnorm herrscht und dass man seinen «eigenen» Stil selbstbewusst tragen soll.

Die «eigene Welt» ist sichtbar:
Visuelle Codes und (sub-)kulturelle Referenzen

Innerhalb sozialer Netzwerke verhandeln die Jugendlichen über visuelle Merkmale und darüber, welche Referenzsysteme bestimmend für die Ausgestaltung eigener Lebensentwürfe sind. Visuelle Codes machen daher auch sichtbar, welche (sub)kulturellen Zuordnungen dazu beitragen, sich selbst im Kontext des und der «Anderen» als klar und eindeutig zu positionieren:

«S.J.: Schau, hier haben wir auch gestritten, da, ein riesen Roman, [...]. Ich fand lustig, eine Frau, sie ist Emo, da fängt sie mit uns zu streiten an: Schämst du dich nicht, wenn du dich so und so präsentierst? Und dann haben wir zurückgefighted, und nachher siehst du, schreiben alle Typen plötzlich. Das fand ich so lustig [...]: Sie ist zu schön für die Welt, was willst du, du bist ja nur eine gruusige Emo und was auch immer. Alle haben uns geholfen bei dem, das fand ich echt lustig. G.M.: Emo. Also was heisst denn das? Und du, bist du auch in einer Szene? S.J.: Also, ich bin keine Art von Emo. Ich bin einfach neutral. Sagen wir es so, manchmal so wie, keine Ahnung, Tussi manchmal, einfach so. [...] Also ich finde es einfach traurig bei den Emos: Die kennen nur Grau, Schwarz, nichts anderes. Und sie machen sich so fertig im Netlog, [...]. Sie schreiben übers ganze Leben, weiss auch nicht, wie scheisse blablabla. Nachher habe ich ihr schon mal geschrieben, so ja, wenn du dein Leben so Scheisse findest, wieso musst du zeigen, dass du es so Scheisse findest? G.M.: Gibt es denn noch andere Szenen? S.J.: Also Skater sind so wie eine eigene Welt.»[34]

---

33 Interviewausschnitt mit S.J. und F.R., Vertiefungsphase II, Gruppe A – Bülach.
34 Interviewausschnitt mit S.J., Vertiefungsphase III, Einzelinterview – Bülach.

Die Begriffe «Re-use» und «Recycling» umschreiben vor dem Hintergrund solch jugendtypischer Alltagskommunikation wesentliche Prozesse des Kulturrecycling. Sie gehen mit Wegwerfen, Wiederaneignung und -herstellung einher. Es wird erhalten, weiterverwendet mit teilweise völlig anderer Zwecksetzung. Was weggeworfen wird, wird zum Rohstoff für andere, spätere Zeiten:

> «Der ‹echte› Gothic muss sich vom ‹Pseudo› oder ‹Fake› distanzieren, der ‹wahre› Rapper oder ‹echte› Techno vom ‹real› oder ‹poser› oder der ‹echte› vom ‹Oi›-Punk. Dieser Glaube oder die Hoffnung, sich als ‹Originale› von den im Banne der Repräsentation stehenden Reproduktionen der Vermarktung unterscheiden und sich zumindest vorübergehend einen kleinen Bereich realer Handlungsfähigkeit erhalten zu können, hat eine fieberhafte Dialektik zwischen kulturindustriellen und individuellen Recyclingprozessen in Gang gesetzt.»[35]

Die Autorin hebt die Leistung der Heranwachsenden hervor, die erstickende Bilder- und Zeichenflut durch neues Kombinieren und Umkodieren handhaben zu können – dabei verweigern sie oft auch die Suche nach ihrem Sinn. Die Beliebigkeit an Möglichkeiten lässt die biographischen Kontexte der Einzelnen und ihre Kreativität umso wichtiger werden. *Ambivalenz und emotionale Verantwortung* beim Rezipienten als «ästhetische Funktion der Bricolage» werden zum zentralen Faktor der Popkultur. Der *Körper* erhält zudem eine zentrale Bedeutung als einziger noch authentischer «Ort»: «Und wir sind auch eine eigene Welt. Ich und Djiana, auch mit Kollegen und alles. Wir haben meistens, weisst du, so ganz hübsche Typen, und so, das ist dann eher unsere Welt.»[36]

Die Wahrnehmung und Gestaltung der «eigenen Welt» über visuelle Codes findet im Rahmen von Alltagskommunikation im Netz *und* in Alltagspraxen statt: Die Jugendlichen beziehen sich dabei oft auf ein gemeinsames familiäres Milieu, gemeinsame Freizeiterlebnisse, aber auch gemeinsame Erfahrungen der Ausgrenzung im Einwanderungsland. Die Aushandlungspraxen über die «eigene Welt» lassen sich daher *einerseits* nicht auf ästhetische Präferenzen reduzieren. *Andererseits* führen diese Praxen im Web 2.0 und die hohe Bedeutung der Visualität unter Jugendlichen dazu, dass Differenzen produziert werden, die sich vor allem in Äusserlichkeiten niederschlagen – so beispielsweise im Habitus und der Kleidung von Skatern oder der Frisur. Die Jugendlichen erkennen sich untereinander als zu verschiedenen Szenen zugehörig.

---

35 Eva Kimminich (2006), S. 64.
36 Interviewausschnitt mit S.J., Vertiefungsphase III, Einzelinterview – Bülach.

«Wir haben meistens, weisst du, so ganz hübsche Typen, und so, das ist dann eher unsere Welt.»

Dabei spielt das Herkunftsland als Zuordnungskatgeorie eine Rolle – so im von den Jugendlichen benutzten Begriff der «Balkaner». Wie bei den meisten jugendlichen (Sub-)kulturen gibt es jedoch auch innerhalb der «Balkaner»-Jugendlichen Abgrenzungen und Differenzierungen: «D.T.: Es ist schon irgendwie speziell bei Balkanern. Die hängen ja zum Beispiel viel mehr zusammen, die Balkaner, als mit Schweizern. Man versteht sich auch besser. [...] Man sieht es schon ein bisschen. G.M.: Was denn so? D.T.: Wie sie sich einfach so Haare stylen und so. [T.K. nickt zustimmend.] D.T.: Oder die Art, wie sie reden.»[37]

Der «Balkaner»-Style als Kategorie der Differenzkonstruktion ist mit gemeinsamen Erfahrungen des Aufwachsens im Quartier, der Schule und in Freizeitgruppen verbunden: «G.M.: Wo sind Sie aufgewachsen? D.T.: In Mönchaltdorf und Uster. G.M.: Und welche Szenen hatte es da am meisten? D.T.: Einfach Hip-Hop und einfach, wie soll ich sagen, Balkan.»[38] Dabei spielen der milieuspezifische Hintergrund der Migration und die Sprache eine Rolle, jedoch sind solche Zuordnungen nur vordergründig einheitlich: «D.T.: Also ich trage nicht immer Hip-Hop-Kleider. [...] Es ist auch heutzutage so, dass solche, die einen Skater-Style haben, auch Hip-Hop hören, das mischt sich eher so heute.»[39]

Gerade das Reden über die unterschiedlichen Szenen und ihre musikalischen, visuellen, sprachlichen und Party-Location-Vorlieben gehört essentiell zu Aushandlungsprozessen unter Jugendlichen in einem Feld der Mehrdeutigkeiten. Dies ist mit Freiheit, aber auch Tendenzen zu Verunsicherung oder gar Ausschlussmechanismen verbunden. Dabei müssen auch aus methodischer Sicht die Interviewsituationen in einer über Szenen und Geschlechterunterschiede hinweg gemischten Gruppe in Betracht gezogen werden: Mehrmals liessen nonverbale Signale vermuten, dass jemand sich angegriffen fühlte, aber nichts dazu sagte, dass jemand sich produzierte und andere nicht eingriffen usw. Auch würde die Aushandlung von Zuordnungen und Bedeutungen unter jungen Männern wie unter jungen Frauen in Freizeitgruppen wohl anders verlaufen als in der gemischten Schulklassen-Gruppe in unseren Interviews:

> *«G.M.: Und wenn Sie nun jemanden sehen mit einer bestimmten Kleidung? Erkennen Sie dann gerade, aus welcher Szene er/sie kommt? [...] [D.T. richtet sich auf, fühlt sich als Experte.] D.T.: Ich kenne Hip-Hopper, ich kenne Punks, ich kenne Skinheads, ich kenne die von Tectonik, ich ... wie sagt man [schaut fragend zu T.K.]. T.K.: House. [...] G.M.: Und was*

---

37 Interviewausschnitt mit D.T., Vertiefungsphase II, Gruppe A – Oerlikon.
38 Ebd.
39 Ebd.

sind die Merkmale? So breite Hosen, Marken? D.T.: Und Ketteli, auch
die fetten Pullis, die Kappen, die die Kappen haben... G.M.: Aber ihre
Frisur ist aber nicht unbedingt Hip-Hop, oder? D.T.: Nein, nein. G.M.:
Ist das eher so Balkan oder? D.T.: Ja. Die tragen auch Käppli. G.M.: Und
wie sehen denn die Tectonik aus? D.T.: Die haben einfach so längere
Haare da hinten. [Greift zum Nacken.] [...] G.M.: Und Kleider? D.T.: Kleider
sind eng. G.M.: Und tragen die so weisse Hosen? T.K.: Verschieden.
Nicht unbedingt ... So Hosenträger baumeln lassen, enge T-Shirts, Ketten
überall, so Kappen, die sie sich selbst drucken lassen an die Hosen
gehängt. Fast wie ein Hip-Hopper.»[40]

Während Aushandlungsprozessen ausserhalb einer Interviewsituation wür-
den hier wohl andere Regeln gelten, sowohl was die Zurückhaltung gegenüber
Vorurteilen betrifft, als auch die Tendenz zur Stigmatisierung von bestimmten
Ausländergruppen:

«G.M.: Welchen Style findet ihr denn überhaupt nicht gut? N.E.: Mir
gefallen eher Hip-Hopper, aber haben Sie jetzt den D.T. hier gehabt? [Im
letzten Gruppeninterview, Anm. d. Verf.] Das gefällt mir überhaupt
nicht. Macho auch nicht, glänzende Schuhe auch nicht. G.M.: Und so
D&G-Hosen? N.E.: Es kommt darauf an, welche Hosen. G.M.: So die
weissen, engen? N.E.: Ja, genau, enge Hosen habe ich gerne, Rüeblihosen
finde ich schön. Hemden gefallen mir gut bei Männern. [...] G.M.: Und
die Frisur, die D.T. gehabt hat, das ist doch ein wenig dieser Style? [Beide
nicken.] N.E.: Katastrophe. G.M.: Wieso, was ist das für ein Style, wo
würden Sie das zuordnen? N.E.: Diese Frisur? Keine Ahnung. [...] N.E.: Aber
es kommt ... G.M.: Auf alles zusammen drauf an? N.E.: Ja, genau.»[41]

Transnationale Netzwerke – Peer-Group – Familie

Die (Re-)produktion von visuell erkennbarer Differenz im Alltag hat immer auch
eine spielerische Seite, auch wenn sie klar und deutlich geäussert wird wie im
letzten Interview oder die Nationalflagge des Heimatlandes als Bettüberwurf
betrifft. Gerade die Zugehörigkeit zum Heimatland erhält in unterschiedlichen
Netzwerken eine jeweils andere Bedeutung und wird individuell und situativ

---

40 Interviewausschnitt mit D.T. und T.K., Vertiefungsphase II, Gruppe A – Oerlikon.

41 Interviewausschnitt mit N.E., Vertiefungsphase II, Gruppe B – Oerlikon.

unterschiedlich relevant. Unter Umständen kann sie sich allein auf den Style beziehen, was nicht heisst, dass dieser Aspekt für den Aufbau von Teilidentitäten nicht essentiell ist und je nach Lebenskontext plötzlich eine tiefere Bedeutung erhält: «G.M.: Fühlen Sie sich eher als Schweizerin oder ihrem Heimatland zugehörig oder beides? MB: Eher meinem Heimatland verbunden. G.M.: Wieso? M.B.: Vielleicht vom Style her oder wie man denkt. G.M.: Aber eben vom Style her, [...] wie sind denn Schweizerinnen gestylt? M.B.: Ich würde jetzt nicht sagen, dass sie schlecht gestylt sind. Manchmal sind sie einfach etwas komisch in dem Sinne ... In Zürich sind die Leute so bunt, so wie Papageien angezogen. G.M.: So weniger eine Linie, wie Sie? M.B.: Genau: G.M.: Können Sie das auch sagen? N.E.: Nein, von denen gibt es auch bei den Albanerinnen. Entweder man hat Style oder keinen. Es spielt keine Rolle, ob man Schweizer oder Albaner ist.»[42]

Aus Sicht der im Einwanderungsland vorherrschenden Normen wird dies jedoch oft nicht so wahrgenommen. Die Aussenwahrnehmung der im Styling sichtbaren Aspekte einer Gruppe von «Balkanerjugendlichen» wird beeinflusst von medial vermittelten, meist negativ konnotierten Stereotypen und kann zu einer Benachteiligung im beruflichen Integrationsprozess führen. So betonen junge Gymnasiastinnen in einer Forschungsarbeit zum Thema Kleidung und Shoppingpraxen, dass ihre in einem ähnlichen Mittelstandsmilieu wie sie selbst aufwachsende albanische Freundin explizit nicht als «Shqipy» bezeichnet werden könne.[43] Die befragten Mädchen beschreiben «Shqipys» als «ethnokulturelle» Gruppe von Jugendlichen vorwiegend aus der Balkanregion mit einem spezifischen Kleidungsstil, den sie zum Beispiel mit weissen Hosen, weissen spitzen Schuhen, mit Glitzer usw. in Verbindung bringen. «Shqipys» werden als negatives Gegenbeispiel zum eigenen Stil und zur Illustration, was man niemals anziehen würde, erwähnt: «Weisse, enge Hosen. Halt so, wie soll ich das beschreiben ... Bei uns sagt man dem, was die ‹Shqipys› tragen, das sind halt böse gesagt ‹Jugos›, das ist so ihr Stil. Da laufen die Frauen immer so mit hautengen, weissen Hosen, weissen Oberteilen und lauter Pailletten und so Ausschnitten rum. Einfach ein wenig übertrieben, und dann die spitzen Stiefel mit den Bleistiftabsätzen ... Das würde ich nie anziehen, ist auch ein wenig niveaulos ...»[44] Noch salopper ausgedrückt wird es im Rahmen der Schilderung der absoluten «No-Go's» in der Styling-Beratung einer Gratis-Zeitung: «Die Farbe Weiss, ausser für Hemden, T-Shirts und Ärztekittel. An den

---

42 Interviewausschnitt mit N.E. und M.B., Vertiefungsphase II, Gruppe B – Oerlikon.
43 Vgl. Liv Christensen, Sabrina Engeli, Aline Minder (2010).
44 Vgl. Interviewausschnitt mit Livia vom 28.09.2009. Zit. bei Liv Christensen, Sabrina Engeli, Aline Minder (2010), S. 34.

restlichen Körperteilen hat sie einen zu starken Migrationshintergrund.»[45] Kleidung hat hier klar sowohl eine inkludierende als auch eine exkludierende Funktion im diskriminierenden Sinne.

Nicht nur in Bezug auf Kleidung sind Migrantenjugendliche Vorurteilen unterworfen. Jugendliche Peer-Groups sind essentiell darauf angewiesen, dass sie sich in öffentlichen Räumen treffen können – gerade Migrantenjugendliche werden dabei unabhängig vom Verhalten oft als störend wahrgenommen.[46] Und die von uns untersuchten Jugendlichen wissen um diese Unterschiede und Stereotypen, mit denen ihre Herkunft konnotiert wird: «C.R.: Sie haben auch Ihr Quartier photographiert [Wipkingen. Anm. d. Verf.]. Ist das ein Ort, wo Sie viel Zeit verbringen? F.R.: Schon recht viel. Hier treffen wir uns immer.»[47] Die Zugehörigkeiten zur Szene überlagern sich dabei mit milieuspezifischen Erfahrungen des Migrationshintergrundes:

Abb. 49

«Spielt es für Ihre Freundschaften eine Rolle, aus welchem Land die Leute kommen? S.J.: Das spielt bei mir schon ein wenig eine Rolle. Ein Araber ist zum Beispiel ganz anders als ein Schweizer. Schweizer sind nicht so beliebt bei den Profilen. Das sind eher Skater. [...] C.R.: Haben Sie das Gefühl, dass zum Beispiel die Schweizer, die Araber, die Kosovaren unter sich bleiben? S.J.: Nein, das ist nicht so. Es gibt eine Durchmischung. Es ist so, wie wenn sie die Schweizer ‹rauskicken› würden, die Balkaner und alle anderen zusammen. Die Schweizer bleiben eher alleine. Türken, Albaner, Kosovaren sind alle zusammen, mit Serben und allen. Die verstehen sich alle miteinander. Es ist, wie wenn Schweizer nicht dazupassen würden. Ich weiss auch nicht, wie ich das beschreiben soll. Es ist halt so. C.R.: Haben Sie auch eine Flagge zu Hause? S.J.: Nein.

---

45 Barbara Lienhard (2009).

46 Vgl. Gabriela Muri, Sabine Friedrich (2009).

47 Interviewausschnitt mit F.R., Vertiefungsphase II, Gruppe A – Bülach.

«Türken, Albaner, Kosovaren sind alle zusammen, mit Serben und allen. Die verstehen sich alle miteinander.»

Ich bin nicht so religiös und auch nicht so stolz. Ich bin da etwas anders als die andern aus diesen Ländern.»[48]

Die Abgrenzungen und Selbst-Zuordnungen erfolgen dabei nicht allein aufgrund ethnisch oder kulturell festlegbarer Merkmale, sondern überlagern sich mit der Aushandlung von Bedeutungen in Netzwerken, die durch gemeinsame Sozialisation in Schule und Wohnumfeld geprägt sind, sowie der Vorliebe gegenüber bestimmten Musik- und Style-Richtungen:

«N.Y.: Bei diesem Park in Wipkingen sind wir immer, deshalb habe ich das photographiert. G.M.: Und was ist das für eine Szene dort – sind Sie ähnlich angezogen, hören Sie ähnliche Musik? N.Y.: Sie hören ähnliche Musik, Hip-Hop und Rap. Die sind einfach ein wenig anders als ich. G.M.: Wie anders? N.Y.: Ich bin nicht so ein Typ, der Leute zusammenschlägt und so. Wenn sie besoffen sind, schlagen sie zu, egal wer. G.M.: Da sind Sie eher wie ein Hip-Hopper gestylt? [...] N.Y.: Ja, meistens in der Freizeit. G.M.: Aber hier sind Sie jetzt ganz anders gestylt? Mit blauem Hemd, farblich passendem Kunstbrillanten im Ohr, Halskette. N.Y.: Ja, ich gehe mit verschiedenen Styles.»[49]

Das Stylen in der Freizeit innerhalb der Peer-Group ist zentral und bezieht sich in diesem Kontext auf Musikstile, sub- und massenkulturell beeinflusste Zugehörigkeiten: «S.J.: Das Stylen ist eigentlich der wichtigste Punkt am Ausgang. Der Style muss auch zum Club passen. Es kommt darauf an, was dort läuft. Wenn es Elektro ist, ziehst du eher zum Beispiel Karotten-Hosen an und etwas ‹Frise› [Frisur], weil es halt Elektro ist.»[50] – ein Spiel mit dem Style wie mit Identitäten.

Die Zusammensetzung der Peer-Group bezieht sich jedoch nicht nur auf den Style, sondern oft auf die gemeinsame Erfahrung des Aufwachsens im selben Quartier: «P.S.: Viele kenne ich noch von früher. Seit klein kenne ich die meisten. Das sind keine, die ich gerade getroffen habe.»[51] Und damit oft auch auf milieu- und familienspezifisch geprägte Netzwerke mit Migrationshintergrund: «Die Begrüssung bei Balkanjugendlichen ist besonders verankert, da sie sich teilweise sprachlich nicht gut ausdrücken können. In den Pausen

---

48 Interviewausschnitt mit S.J., Vertiefungsphase II, Gruppe A – Bülach.
49 Interviewausschnitt mit N.Y., Vertiefungsphase II, Gruppe C – Oerlikon.
50 Interviewausschnitt mit S.J., Vertiefungsphase II, Gruppe A – Bülach.
51 Interviewausschnitt mit P.S., Vertiefungsphase II, Gruppe A – Bülach.

unserer Workshops tauschen sie die Stöpsel mit Musik aus, schauen ihre Handys an und sprechen über Markenkleider. Inwieweit die Gleichaltrigengruppen ethnisch getrennt sind, weiss ich zu wenig.»[52]

Auch wenn die Jugendlichen selbst von einem Balkan-Style sprechen, so sind damit auch Musik- und Modevorlieben verbunden, die sich auf Elemente global verbreiteter Konsum- und Popkulturen beziehen:

«C.R.: Was macht denn den Unterschied aus? S.J.: Schweizer sind eher Skater. Sie haben ihren eigenen Style. Ich kenne keinen einzigen Balkaner, der Skater ist. Balkaner haben einfach einen andern Style, etwas krasser als die Skater mit ihren Logos. C.R.: Können Sie beschreiben, was Sie unter ‹Balkan-Style› verstehen? S.J.: Die meisten Frauen haben Sexy-Style oder viele haben auch einen eleganten Style. Ein paar haben auch einen geflippten Style, mit House-Frisuren. […] Die Skater rollen überall umher und haben schiefe ‹Tschäppis› auf. Das spricht die Balkaner einfach nicht an. Auch der Charakter ist ganz anders. Wir Balkaner verstehen uns viel besser gegenseitig als mit diesen Schweizern. Die sind irgendwie komisch. Ich habe auch viele Kollegen, die Schweizer sind, ich kenn mich aus mit diesen Schweizern. Ich habe sie auch sehr gerne. Aber sie sind ein wenig anders.»[53]

Auch wenn dieses «Anderssein» gerade gegenüber den «Schweizer Skatern» deutlich geäussert wird, lässt sich der Umgang der Jugendlichen mit dem Einfluss der sogenannten «Herkunftskultur» nicht im Sinne einer Ethnisierung kultureller Unterschiede beschreiben. Vielmehr entwickeln die Jugendlichen eine hohe Kompetenz in der Bewertung unterschiedlicher Kontexte. So bedeutet «sich normal kleiden» in verschiedenen Kontexten etwas ganz anderes:

«C.R.: Kleiden Sie sich im Kosovo anders, wenn Sie an eine Party gehen? S.J.: Ja. Dort zieht man sich fast jeden Tag wie für den Ausgang an. Dort leben die Leute anders, es ist normal, sich dort so anzuziehen. C.R.: Weshalb ist das so? S.J.: Das weiss ich auch nicht. Ich sehe das in den Ferien dort, dann ziehe ich mich auch nicht anders an als die Leute, die dort leben. C.R.: Sind die Leute im Fernsehen in Kosovo ähnlich gekleidet, wie die Leute, die dort wohnen? Oder wo holen sich die Leute dort die Inspiration? S.J.: Eher in Richtung der Popstars, so wie sich die

---

52 M.L., Expertin für Integrationsfragen.

53 Interviewausschnitt mit S.J., Vertiefungsphase II, Gruppe A – Bülach.

«Ja, ich gehe mit verschiedenen Styles.»

Sängerinnen dort anziehen. In der Richtung ziehen sich dann die meisten an. Kurze Röcke, Minirock oder kurze Oberteile. C.R.: Schauen Sie sich auch Videoclips solcher ‹Balkan-Popstars› an? S.J.: Ich schaue das schon an. Ich finde es aber schon ein bisschen übertrieben, wie die sich kleiden. So ganz übertrieben ziehe ich mich nicht an, auch wegen meinem Vater. Dort wird man ziemlich schnell als Schlampe bezeichnet, wenn man sich übertrieben anzieht. Das muss man schon beachten. Aber dort ist es schon ein wenig normal, sich so anzuziehen.»[54]

Die meisten Jugendlichen nehmen am Wochenende regelmässig an Familienfesten teil, bei denen Musik, Videos und Speisen aus dem Auswanderungsland der Eltern dominieren. Dabei ergeben sich durchaus Konfliktfelder vor allem im Bereich der Freizeitaktivitäten und Rollenvorbilder:

«Viele kommen aus materiell benachteiligten Verhältnissen – der Konsum ist daher wichtig. Der Fernsehkonsum ist sehr hoch. Familien isolieren sich oft und besuchen am Wochenende Verwandte. Jedes Wochenende ist eine Hochzeit oder ein Beschneidungsfest – dort hat es allerdings auch viele Jugendliche. Sie können sich dort unter Jugendlichen austauschen, beiben jedoch unter Aufsicht der Eltern. Dort sind bestimmt die Stars und Musikvideos aus ihrem Herkunftsland entscheidend. [...] Die verschiedenen Normen in Familie, Schule und Gleichaltrigengruppe sind auch für schweizerische Jugendliche wichtig. Bei ausländischen Jugendlichen besteht die Zerreissprobe eher zwischen Familie und Gleichaltrigengruppen im Vergleich zu schweizerischen Jugendlichen.»[55]

Dabei greifen visuell-ästhetische, milieuspezifische, moralische und individuelle Kriterien ineinander: «C.R.: Treffen Sie sich viel mit den Verwandten? Gehen sie oft an Familienfeste? D.P.: Also fast jedes Wochenende. Ich habe viel Verwandte hier in der Schweiz. Sie kommen zu uns oder wir gehen zu ihnen. So am Samstag. C.R.: Wenn Sie in den Ausgang oder an ein Familienfest gehen, stylen Sie sich dann auch anders? D.P.: Ja, normal. Wenn ich in den Ausgang gehe, style ich mich normal. Wenn ich vielleicht am Samstag weggehe, kaufe ich mir ein neues Oberteil oder neue Hosen. Aber nicht immer. Ich schaue, dass ich nicht jedes Wochenende mit denselben Kleidern gehe.»[56]

---

54 Interviewausschnitt mit S.J., Vertiefungsphase II, Gruppe A – Bülach.
55 M.L., Expertin für Integrationsfragen.
56 Interviewausschnitt mit D.P., Vertiefungsphase II, Gruppe B – Bülach.

Den Umgang mit Formen der Selbstpräsentation auf spielerische und szene-spezifische Merkmale zu reduzieren, würde jedoch auch bedeuten, dass der Kontext des Aufwachsens in wenig privilegierten Verhältnissen negiert würde. Milieuspezifische Voraussetzungen und Präferenzen vermischen sich bei den befragten Jugendlichen mit kulturellen Zugehörigkeiten im Rahmen einer *Selbstzuordnung einerseits*:

Abb. 50

«C.R.: Ich habe zwei Fotos mit unterschiedlichen Outfits ausgesucht. Ich habe gesehen, Sie haben viele Kleider in schwarz und weiss ... A.D.: Jawohl, das stimmt. Um es genauer zu sagen, habe ich fast nur weisses und schwarzes an, wenn ich in den Ausgang gehe. [...] So [Bild mit Krawatte] bin ich am meisten, mit Krawatte, schwarzes Hemd. C.R.: Was gefällt Ihnen jetzt speziell an diesen Outfits? A.D.: [...] Ja, die sehen ein-fach elegant aus. Diese Hosen sind bestellt worden, davon gibt es nur zwei Paar in der Schweiz, weiss und schwarz. Die habe ich speziell bestellt. C.R.: Wo haben Sie die bestellt? A.D.: Im G-Star-Laden. Ich habe extra bezahlt, aber sie sind auch einzigartig. Also es kann sozusagen sein, dass noch eine Person die gleiche Hose hat. [...] C.R.: Was ist denn Ihre Lieblingsmarke? A.D.: Ui ... Lacoste. C.R.: Warum? A.D.: Also, T-Shirt und Hemd hab ich von Lacoste, das passt mehr zu mir. Und die Hose hab ich mehr von G-Star. Ich meine, fast alle der Jugendlichen haben G-Star-Hosen an! Ich sage, mehr als 80%. Überall wo man in den Ausgang geht, sieht man G-Star-Hosen. [...] C.R.: Was macht für Sie den speziellen Reiz von ‹Markensachen› aus? E.B.: Die Qualität ist besser und es sieht schön aus. Es ist einfach edler. [...] C.R.: Hätten Sie gern auch einmal einen Job, wo Sie mit Anzug und Krawatte zur Arbeit gehen müssen? E.B.: Ja, das wäre super!»[57]

---

57 Interviewausschnitt mit E.B. und A.D., Vertiefungsphase II, Gruppe C – Bülach.

«**Balkaner** haben einfach einen andern Style, **etwas krasser** als die **Skater** mit ihren Logos.»

Dabei muss berücksichtigt werden, dass ein Auftreten mit weissen Hosen und Krawatte in einem Bewerbungsgespräch gerade bei diesen Jugendlichen vermutlich als unadäquat wahrgenommen würde. Selbst in der Peer-Group fällt man so auf – es geht jedoch um vertraute Zugehörigkeiten, die keine sozialen und bezogen auf ein Bewerbungsgespräch ökonomischen Nachteile zur Folge haben könnten:

> *«C.R.: Sie sagten, Sie erkennen die Leute an ihrem Style? S.J.: Ja schon. Wenn ich z.B. am Bahnhof Amir sehe, erkenne ich ihn sofort, wenn er weisse Hosen trägt. Er ist einer, der gerne weisse Hosen trägt. Oder auch an der Form des T-Shirts. Das erkennt man einfach. Oder ich habe eine Kollegin, die kleidet sich immer in Pink. Ich habe auch solche Tage, an denen ich immer in Pink bin. Es gibt ein paar Leute, die müssen immer ihre Lieblingsfarbe anhaben. Dann erkennt man sie schon von hinten.»[58]*

Um eine Thematik zu Beginn des Artikels zum Thema «Identitäten und Ressourcen»[59] wieder aufzunehmen: Es geht um soziale Lagen, politische, ökonomische und kulturelle Voraussetzungen des Aufwachsens einerseits und um transnationale Wege, Lebenskonstruktionen, Lebensvollzüge und Problemstellungen andererseits, die «keineswegs ortsvergessen, sozial blind oder relativistisch»[60] betrachtet werden sollten:

Abb. 51

> *«C.R.: Was halten Sie von dem Bild? A.D: Nichts Spezielles. Bosnier-Flagge, oder was immer das ist. C.R.: Finden Sie das gut, mit der Flagge zu posieren? Würden Sie das auch machen? A.D.: Nein. Nie. E.B.: Ich*

---

58 Interviewausschnitt mit S.J., Vertiefungsphase II, Gruppe A – Bülach.
59 Vgl. auch den Artikel von Gabriela Muri: «Wer bin ich?: Identitäten und Ressourcen» in diesem Band, besonders S. 93f.
60 Sabine Hess, Johannes Moser (2009), S. 22.

würde das auch nicht. C.R.: Warum nicht? A.D.: Es ist übertrieben. Die Flagge auf ein Bild oder ins Internet stellen ... Hm. E.B.: Das ist schon ein bisschen Netlog. A.D.: Ja. Die habe ich auch in Netlog gesehen ... E.B.: Also ich würde das vielleicht schon machen. Ich würde das aber nicht im PC veröffentlichen.»[61]

Gerade die von uns untersuchte Thematik zeigt es deutlich: Zuschreibungen von «Aussen» bzw. von «Anderen» wirken. Sie wirken im Alltag diskriminierend genauso wie sozio-ökonomische Voraussetzungen des Aufwachsens die Ressourcen und Möglichkeiten der frei wählbaren Lebensgestaltung zum Beispiel im Hinblick auf die Berufswahl beschränken. Die Kategorien *Race*, *Class* und *Gender* sind im Wechselspiel von kulturellen, ökonomischen, sozialen und politischen Prozessen wie Praktiken wirksam und haben dabei nicht an Virulenz eingebüsst. Wir beharren in unserem Projekt darauf, dass die betroffenen Jugendlichen darum wissen und auf spezifische Weise damit umgehen, indem sie Zugehörigkeiten nur in bestimmten Kontexten sichtbar werden lassen oder den «Balkaner»-Style eben nicht am Herkunftsland, sondern an rein konsum-ästhetischen Kategorien festmachen. Manchmal verwenden sie die Zuschreibungen so, manchmal aber auch anders. Die im Web 2.0 entstehenden Netzwerke und Zugehörigkeiten ermöglichen das Spiel mit dem Sicht- und dem Unsichtbaren, mit Ambivalenzen und Identitäten auf ganz neue Weise. Die kaum erkennbare Nationalflagge im Auge auf dem Buchumschlag kann spielerisch gemeint sein, aber auch den Lebenshorizont im Hinblick auf eine nationale Selbstverortung bestimmen. Das wird im Web 2.0 verhandelt, auf Netlog so, auf Facebook anders, in virtuellen Netwerken so, in öffentlich sichtbaren Situationen der Alltagskommunikation anders. Die von uns befragten Jugendlichen gehen kreativ und spielerisch damit um –, dies im Wissen um Grenzziehungen und Ausschlussprozesse der Einwanderungsgesellschaft. Die Jugendlichen verfügen über Ressourcen, die sich jenseits der gängigen Debatten um Integration und Ausgrenzung entwickeln und deren Relevanzen täglich neu verhandelt werden – es geht um «situative, thematisch wie auch strategisch variierende Aufmerksamkeiten, Zugehörigkeiten, Solidaritäten und Beheimatungen»[62].

---

61 Interviewausschnitt mit E.B. und A.D., Vertiefungsphase II, Gruppe C – Bülach.
62 Sabine Hess, Johannes Moser (2009), S. 20.

Bibliographie

Heinz Bonfadelli (2004): *Medienwirkungsforschung II: Anwendungen.* Konstanz, UVK.

Heinz Bonfadelli, Priska Bucher (2007): *Alte und neue Medien im Leben von Jugendlichen mit Migrationshintergrund.* In: Kompetenzzentrum Informelle Bildung (Hrsg.): *Grenzenlose Cyberwelt? Zum Verhältnis von digitaler Ungleichheit und neuen Bildungszugängen für Jugendliche.* Wiesbaden, VS Verlag für Sozialwissenschaften, S.137 – 151.

Liv Christensen, Sabrina Engeli, Aline Minder (2010): *Kleidung und Shoppingpraxen. Individualitätsgestaltung von Jugendlichen.* Unveröffentlichte Seminararbeit aus dem Forschungsseminar von Gabriela Muri zum Thema «Jugend und Alltagskommunikation» am Institut für Populäre Kulturen der Universität Zürich FS/HS 2009. Universität Zürich.

Beate Grossegger, Bernhard Heinzlmaier (2007): *Die neuen vorBilder der Jugend. Stil- und Sinnwelten im neuen Jahrtausend.* Wien, G&G-Verlag.

Sabine Hess, Johannes Moser (2009): *Jenseits der Integration. Kulturwissenschaftliche Betrachtungen einer Debatte.* In: Sabine Hess, Jana Binder, Johannes Moser (Hrsg.) (2009): *No integration?! Kulturwissenschaftliche Beiträge zur Integrationsdebatte in Europa.* Bielefeld, transcript, S. 11 – 26.

Dagmar Hoffmann, Lothar Mikos (2007): *Warum dieses Buch?* In: Dies. (Hrsg.): *Mediensozialisationstheorien.* Wiesbaden, VS Verlag für Sozialwissenschaften, S. 7 – 8.

Eva Kimminich (2006): *Kultur(Schutt)Recycling: Von Kids und Barbaren, Jesuslatschen und Dreadlocks. Jugend im Spannungsfeld von Konzepten und Kulturprogrammen.* In: Christoph Jacke, Eva Kimminich, Siegfried J. Schmidt (Hrsg.): *Kulturschutt. Über das Recycling von Theorien und Kulturen.* Bielefeld, transcript, S. 34 – 69.

Alexandra König (2007): *Kleider schaffen Ordnung. Regeln und Mythen jugendlicher Selbst-Präsentation.* Konstanz, UVK Verlagsgesellschaft.

Barbara Lienhard (2009): *Männer, wieder mal was für euch.* In: *Blick am Abend,* Zürich, Ringier, S. 9.

Gabriela Muri, Sabine Friedrich (2009): *Stadt(t)räume – Alltagsräume? Jugendliche zwischen geplanter und gelebter Urbanität.* Wiesbaden, VS Verlag für Sozialwissenschaften

Klaus Neumann-Braun (2003): *Jugendliche und ihre Peer-Group-Kommunikationen. Einführung in den Themenschwerpunkt.* In: *Jahrbuch Jugendforschung,* Jahrgang 3 (2003), S. 15 – 24

Klaus Neumann-Braun, Dominic Wirz (2010): *Fremde Freunde im Netz? Selbstpräsentation und Beziehungswahl auf Social Network Sites – ein Vergleich von Facebook.com und Festzeit. ch.* In: Maren Hartmann, Andreas Hepp (Hrsg.): *Die Mediatisierung der Alltagswelt.* Wiesbaden, VS Verlag für Sozialwissenschaften, S. 163 – 182.

Franz Schultheis, Pasqualina Perrig-Chiello, Stephan Egger (Hrsg) (2008): *Kindheit und Jugend in der Schweiz. Ergebnisse des Nationalen Forschungsprogramms «Kindheit, Jugend und Generationenbeziehungen im gesellschaftlichen Wandel».* Weinheim und Basel, Beltz

Daniel Süss (2007): *Mediensozialisation zwischen gesellschaftlicher Entwicklung und Identitätskonstruktion.* In: Dagmar Hoffmann, Lothar Mikos (Hrsg.): *Mediensozialisationstheorien.* Wiesbaden, VS Verlag für Sozialwissenschaften, S. 109 – 130.

DIE SECONDOS
VON «TICKENDEN ZEITBOMBEN» ZU «OVERPERFORMERN»

Gianni D'Amato

Im Orwell-Jahr 1984 organisierte die Schweizerische Arbeitsgemeinschaft der Jugendverbände (SAJV) eine Veranstaltung zur sogenannten «Zweiten Generation». Vertreter Schweizerischer Parteien und Verbände diskutierten den Kontext, auf den eine solche Veranstaltung aufmerksam machen müsste. Für die junge Vertreterin einer bürgerlichen Partei war es damals wichtig, mit der Kampagne zu verhindern, dass es in der Schweiz zu «Kreuzberger Verhältnissen» käme. Die zweite Generation sei eine «tickende Zeitbombe», die jederzeit hochgehen könne, und auf eine solche Entwicklung müsse präventiv reagiert werden. Andere sprachen sich für mehr Gelassenheit aus: Integration würde sich von selbst ergeben, Anerkennung und Respekt seien die dafür notwendigen Stichworte. Zweieinhalb Jahrzehnte später scheint sich die Debatte nicht merklich verändert zu haben. Die Vererbung des Ausländerstatus – das ist die reale Bedeutung des Begriffs «zweite (Ausländer-)Generation» – trägt dazu bei, eine Gruppe von Menschen zu konstituieren, die wenig andere Gemeinsamkeiten hat als die Tatsache, von Einwanderern abzustammen und in der Schweiz geboren worden zu sein (oder den Grossteil der Schulbildung hier absolviert zu haben). Aber ein rechtlicher Status, insbesondere einer, der eine gesonderte Behandlung ermöglicht, hat tangible Konsequenzen für dessen Träger. Konsequenzen, die weit in ihre Lebenswelt reichen und nichtsdestotrotz identitätsbildend wirken. «Secondo», der vom Regisseur Samir in seinem Film «Babylon 2» geprägte Begriff, versteht sich aber auch als politisches Konzept, das Menschen im Hinblick auf gemeinsame Forderungen vereint. Forderungen um Anerkennung überlappen sich dabei mit der Selbstanforderung, in der Gesellschaft anzukommen.

Ankommen und sich durchsetzen steht für die Mobilität und schlussendlich für die Legitimation einer Leistungsgesellschaft, die den Anspruch vertritt, jeden formell gleich zu behandeln und die gesellschaftlichen Positionen nach Begabungen und Leistungen zu verleihen anstatt nach Geburt oder sozialer Klasse. Die Schule gilt dabei nach wie vor als jener Ort, in dem Kinder und Jugendliche mit dem nötigen Wissen ausgestattet werden, um in der Gesellschaft und insbesondere im Arbeitsmarkt kraft der erworbenen Kompetenzen zu bestehen. Dies geschieht im Wettbewerb mit Gleichaltrigen, welche die gleichen Aspirationen haben. In diesem Wettbewerb wird die Luft, je höher man kommt, desto dünner. Kommt man auf die Kinder von Immigranten zu sprechen, erhält die Metapher der dünnen Luft einen etwas schalen Beigeschmack, möchte man als eiliger Leser statistischer Informationen meinen. Nach Nationalitäten aufgegliedert sind die Leistungen von Schülern aus den klassischen Einwanderungsländern seit Jahrzehnten schlechter als diejenigen der einheimischen Kinder. Die Erstürmung der gesellschaftlichen Gipfel durch Migrantenkinder scheint nicht vorgesehen zu sein, auch wenn wenigstens auf der formalen Ebene der Zugang zur Bildung für alle gewährleistet ist. Aber in Tat und Wahrheit begünstigen nach wie vor die Herkunft und der Wohnort die Bildungskarriere. Das war in den 1950er Jahren so, als Bourdieu die Reproduktion des französischen Bürgertums beschrieb,[1] und es ist vielfach heute noch so. Die Bildungsausstattung der Eltern ist die bedeutendste Wirkungsvariable, wenn es um die Vorhersage des künftigen Bildungserfolges unserer Kinder geht. Verschiedene PISA-Studien belegen ausserdem seit Jahren, wie stark das öffentliche Bildungswesen im deutschsprachigen Raum versagt hat, wenn es darum geht, den Schulerfolg von Kindern aus sogenannt «bildungsfernen Schichten» und insbesondere von Migranten demjenigen der Kinder aus den Mittel- und Oberschichten anzugleichen.[2]

Diese Feststellung erstaunt deshalb nicht, weil das Bildungssystem nicht nur erreichte Positionen aufgrund von Qualifikationen und Kompetenzen legitimiert, sondern auch eine Reproduktionsfunktion erfüllt.[3] Es ist noch nicht lange her, dass Oberstufenlehrer auch ohne Luhmann-Kenntnisse behaupten

---

1   Pierre Bourdieu und Jean Claude-Passeron (1971).

2   OECD (1999), OECD (2004) und OECD (2007) sowie Programme for International Student Assessment (PISA) und OECD (2006).

3   Gianni D'Amato (2001).

konnten, ein guter Handwerker sei immer besser als ein schlechter Akademiker. Nun, heute geht es bekanntlich vielen Handwerksberufen, die ganz spezifische Kenntnisse benötigen, nicht wirklich blendend, insbesondere wenn sie automatisiert wurden oder vor dem Aussterben bedroht sind. Jedenfalls bleibt es beeindruckend zu sehen, wie entspannt mit dem Spruch über die Handwerker und die Akademiker die Bejahung der Wiederherstellung sozialer Strukturen durch die Schule einhergeht.

Die Schule und die spätere Ausbildung sind nicht dazu da, durch missverstandene Gleichheitsforderungen Unordnung zu schaffen, auch wenn solche Forderungen in den Präambeln und Richtlinien der Bildungsgesetzgebungen stehen. Die Warnungen vor den Anmassungen von Unterschichtsangehörigen, mehr erreichen zu wollen als ihnen geziemt, hört man allerdings auch heute noch. Auch wenn diese gut gemeint scheinen, können sie den Glauben daran nicht verhehlen, dass es besser sei, wenn jeder dort bleiben würde, wo er herkommt (sozial wie geographisch). Diese Überzeugung ist mitunter dafür verantwortlich, dass die Schweiz ihre eigenen Humankapitalressourcen ungenügend ausschöpft und von den Bildungsleistungen anderer (Bildungs-)Gesellschaften abhängig ist.[4]

Dem Verdacht der Anmassung, mehr zu wollen als man effektiv verdient, diesem Verdacht waren Immigranten und ihre Familien stets ausgesetzt. Als die Letzten in einer Reihe von Einwandernden müssen sie sich in die gesellschaftliche Ordnung einfügen und warten, bis sie mit dem Aufstieg an der Reihe sind. Dieser Verdacht der Zumutung richtet sich insofern an die falschen Adressaten, als Immigranten (oder ausländische Arbeitskräfte, wie sie früher hiessen) geradezu paradigmatisch den «homo oeconomicus» verkörpern.[5]

Migranten opfern viel für ihr gesellschaftliches Projekt des räumlichen und sozialen Aufstiegs und sehen ihre Zeit in der Fremde häufig zunächst als Auszeit, als Zeit, in der nicht wirklich gelebt wird, da die fehlenden Bindungen die Migranten nicht gesellschaftlich zu verorten vermögen. Als «marginal men» sehen sie sich nicht Teil der Gesellschaft.[6] Das lässst sie auch ausharren in ihrem Bestreben, die eigene Aspiration sozialer Mobilität zu befriedigen. Dies ist für die erste Generation so und diese Erwartung wird, sollten die eigenen Projekte nicht realisiert werden können, vielfach an die zweite Generation weitergegeben. Aufgrund des Migrationsprojektes «Mobilität» sind Bildungsaspirationen bei Migranten definitionsgemäss hoch, anders als vielfach kol-

---

4   Akademien der Wissenschaften Schweiz (2009).
5   Michael J. Piore (1979).
6   Rorbert E. Park (1928).

portiert wird. Allen ist klar, dass die Bildung der einzige Vektor, die einzige Ressource ist, die den sozialen Aufstieg zu legitimieren vermag.

Wie eingangs erwähnt, scheinen die Bildungsstatistiken zunächst eher den Skeptikern Recht zu geben, die die positiven Effekte einer auf die Migranten ausgerichteten Pädagogik bezweifeln. Weder die Ausländerpädagogik der 1970er Jahre, die nach vielen Debatten glücklicherweise überwunden worden ist, noch die interkulturelle Pädagogik der 1990er Jahre oder andere Formen der verstehenden Bildungsarbeit scheinen grosse Erfolge erzielt zu haben.

Nach Nationalitäten gegliedert schneiden Migrantenkinder aus klassischen Auswanderungsländern überproportional schlechter ab als Einheimische. Sie waren bis in die 1990er Jahren in den weniger qualifizierenden Schulen und in den Sonderschulen übervertreten.[7] Häufig wurde das schlechtere Abschneiden auf die Migranten selbst zurückgeführt, auf ihre angeblich ethnischen Eigenschaften, auf ihre geringe Bildung oder ihre Unkenntnis des Systems. Häufig kam und kommt es zum tautologischen Schluss, dass Bildungskarrieren ungleich verlaufen, weil die Startchancen ungleich verteilt sind. Oder anders gewendet: Integration findet nicht statt, weil die Leute, auf die die Programme ausgerichtet sind, nicht integriert sind. Bei solchen Einstellungen mag man sich fragen, was eigentlich der Zweck der Bildungsübung ist.

Natürlich ist diese pessimistische Sicht auf die geleistete Arbeit ungerecht und parteiisch. Sie dient dazu, in der Bildungsorganisation vor Änderungen zu warnen. Will man detailliertere Informationen über die Ursachen gesellschaftlicher Blockaden gewinnen, kommt es darauf an zu definieren, wer überhaupt als Immigrant, als Ausländer zählt. Rosita Fibbi und Claudio Bolzman haben in den 1990er Jahren die Idee angewandt, bei Recherchen zu den Bildungskarrieren nicht allein auf die Nationalität zu schauen, sondern den sogenannten Migrationshintergrund ebenfalls zu berücksichtigen.[8] Am Beispiel der Italiener und Spanier sollte in einer Befragung überprüft werden, welche Karrieren diese absolviert haben und ob die pessimistische Sicht bestätigt werden kann. Dabei wurden erstmals auch eingebürgerte Schweizer mit dem obengenannten Hintergrund berücksichtigt und mit gleichaltrigen Schweizern verglichen, die einen ähnlichen gesellschaftlichen Background haben. Die Untersuchung führte zu erstaunlichen Ergebnissen. Schaut man sich die Bildungsresultate von Angehörigen der zweiten Generation der beiden obengenannten Gruppen an und vernachlässigt man die Frage, ob diese nun eingebürgert sind oder nicht, so erscheinen sie verglichen mit der Schweizer

---

7   Gianni D'Amato (2001).

8   Claudio Bolzmann, Rosita Fibbi und Marie Vial (2003a, 2003b).

Kontrollgruppe als «overperformers». Rosita Fibbi und ihre Kollegen haben belegt, dass die zweite Generation der Italiener und Spanier eine ähnliche oder bessere Ausbildung aufweisen wie die Jugendlichen schweizerischer Herkunft. Anders als in Deutschland und Frankreich wird die soziale Situation nicht unisono gesellschaftlich reproduziert, lautet ihr Befund. Kinder mit Migrationshintergrund geniessen eine längere Ausbildung und erlangen eine höhere soziale und berufliche Stellung als ihre Eltern. Sie setzen somit die von ihren Eltern gehegten Hoffnungen und Pläne nach sozialer Mobilität mehrheitlich um.

Auch wenn es um stabile, lange in der Schweiz niedergelassene Gruppen geht, waren die Befunde dieser Studie sensationell, denn sie entsprachen ganz und gar nicht der gängigen Erwartung, wonach sich die zweite Generation zwischen der ersten Generation und den Einheimischen – sozusagen in einer Zwischenposition – anzusiedeln hat. Die Studie verwies auf den Integrationsprozess von zwei gesellschaftlichen Gruppen, der sich trotz verschiedener Diskriminierungen, welche die Befragten erlebt haben, durchzusetzen vermag. Dieser Erfolg ist nicht allein auf die Leistungsbereitschaft dieser Gruppen zurückzuführen, sondern steht auch im Zusammenhang mit der Entwicklung, dass weder Italiener noch Spanier weiterhin als Ausländer stigmatisiert werden. Dieser gesellschaftliche Wandel erklärt insbesondere den Rückgang der sozialen Distanz zwischen Schweizern und der italienischen und spanischen *Community*.[9]

Ausserdem stellte die Studie von Fibbi und Bolzman einen anderen Aspekt in Frage, nämlich denjenigen, wonach für Migranten wirtschaftlicher Erfolg zwingend mit der Anpassung an das vorherrschende Kulturmodell der Einheimischen gekoppelt sein soll. Im Gegenteil scheint die Sphäre des Kulturellen anders als erwartet eine Autonomie zu haben, insbesondere wenn es um den familiären Bereich geht. Die engen Beziehungen innerhalb der Familie, die ganz anders geprägt sind als bei Schweizer und Schweizerinnen gleichen Alters, sind auch *funktional* zu verstehen. Eine Aufrechterhaltung der engen Bindungen an die Eltern auch nach dem 25. Lebensjahr erleichtert innerhalb des schweizerischen Kontextes die berufliche und soziale Mobilität der Angehörigen der zweiten Generation, insbesondere wenn sie selbst wieder Kinder haben. Somit war für diese untersuchten Gruppen klar, dass soziale Integration möglich ist, auch wenn man sich kulturell nur selektiv integriert (nämlich bezüglich Sprache und Leistungsorientierung) und andere Merkmale der Herkunftskultur (familiäre Werte, Ethos) beibehält.[10]

---

9 Andreas Wimmer (2003).
10 Claudio Bolzman, Rosita Fibbi und Marie Vial (2003a).

Die Feststellung, Angehörige der zweiten Generation würden überdurchschnittlich abschneiden, war dermassen aussergewöhnlich, dass das BFS eine Folgestudie in Auftrag gab, um die Lage der Integration der zweiten Generation zu überprüfen.[11] Die Analyse der Daten aus der Volkszählung 2000 haben den oben erwähnten Zusammenhang lediglich für diejenigen Jugendlichen bestätigt, die in der Schweiz geboren sind und zu den älteren, konsolidierten Einwanderungsgruppen gehören. Für Eingebürgerte, die im Ausland geboren sind und deren Familien erst kürzlich in die Schweiz einwanderten, konnte der Effekt der vergleichbar guten Leistungen nicht bestätigt werden.

Wenn also alle Kinder von Immigranten, sowohl die eingebürgerten als auch die nicht eingebürgerten, in den Analysen berücksichtigt werden, so präsentiert sich die strukturelle Integration der zweiten Generation vergleichsweise als weit fortgeschritten. Es ist allerdings wichtig, dieses Ergebnis sozialer Mobilität differenziert zu untersuchen. Bei näherer Betrachtung zeigt sich, dass die insgesamt hohen sozialen Mobilitätswerte darauf zurückzuführen sind, dass Angehörige der zweiten Generation bei gleichbleibenden Ausgangsbedingungen häufiger eine Ausbildung auf der Tertiärstufe absolvieren als gleichaltrige Schweizer mit ähnlichem sozioökonomischen Hintergrund. Allerdings ist bei der zweiten Generation aber auch der Anteil derjenigen Jugendlichen hoch, die nach der obligatorischen Schulbildung auf einer minimalen Ausbildungsstufe verharren. Sowohl Aufstiegschancen als auch Abstiegsrisiken sind bei der zweiten Generation demnach höher.

Die Gründe für die Persistenz des Abstiegs lassen sich nicht immer klar eruieren. In einer kürzlich veröffentlichten Studie von Eva Mey und Miriam Rorato wird dieser Zusammenhang auf die hohe Aufstiegsmotivation zurückgeführt, die sowohl zum guten Abschneiden beiträgt als auch ein hohes Potential für Enttäuschungen bereithält.[12]

In ihrer in Emmen (Kanton Luzern) angesiedelten Längsschnittstudie weisen die beiden Autorinnen nach, wie bei vielen Befragten die berufliche Eingliederung von Ernüchterung und Enttäuschung begleitet wird, obschon bei den untersuchten Jugendlichen die Bereitschaft besteht, sich in die Schweiz einzubringen. Noch im abschliessenden Schuljahr formulierten sie zuversichtlich ihre Berufswünsche. Drei Jahre später räumen sie ein, dass sich ihre Ziele nicht haben realisieren lassen. Selbst bei grossem Einsatz und guten Leistungen mussten sie ihre Hoffnungen aufgeben. Sie wollten Verkäuferin und Mechaniker werden und arbeiten jetzt als Pflegerin oder Maurer. Verschiedene Brücken-

---

11   Rosita Fibbi et al. (2005).
12   Eva Mey und Miriam Rorato (2010).

angebote funktionieren gemäss den beiden Autorinnen als Trichter, der die zweite Generation dort platziert, wo die weniger attraktiven Stellen frei geblieben sind. Als Reaktion gibt es unterschiedliche Anpassungsmuster: Viele fügen sich in ihre Aussenseiterposition, einige wenige mobilisieren ihren Willen, um den sozialen Aufstieg dennoch zu schaffen und gesellschaftliche Anerkennung zu finden.

Diese Niederlagen sind umso schmerzlicher, als insbesondere die Jugendlichen, deren Eltern aus Südosteuropa («Balkan») stammen, sich sehr stark mit der Schweiz identifizieren, wie eine neue, noch nicht veröffentlichte Studie über die zweite Generation in der Schweiz darlegt.[13] Die stärksten Bindungen bestehen insbesondere zum Wohnumfeld und zur eigenen Stadt. Vor allem Frauen manifestieren einen sehr starken Bezug zur Schweiz, bürgern sich dementsprechend häufiger ein und sprechen die lokale Sprache besser. Wenn auch viele dieser Jugendlichen aus einem eher säkularen Haushalt kommen, spielt für sie die Religion mehr als für ihre Eltern die Rolle des Identitätsmarkers. Dies mag nicht zuletzt damit zu tun zu haben, dass Kontakte zu Schweizern bei Jugendlichen, die in ihrer Ausbildung nicht reüssiert haben, vielfach nach der obligatorischen Ausbildung fehlen. In der realen Arbeitswelt spielen für diese Jugendlichen die Schweizer keine Rolle mehr.

Demütigungen gehören zur verlängerten Adoleszenz und können nicht gänzlich vermieden werden. Es wäre deshalb wichtig, nicht nur die Arbeit als Pfeiler des gesellschaftlichen Zusammenhalts zu sehen. Niederlagen in der Arbeitswelt können aufgefangen werden, wenn das Ausbildungssystem offen bleibt und wenn andere Sphären zugänglich bleiben und als «Integrationsmaschinen» funktionieren. Freundschaften und andere Formen gesellschaftlichen Zusammentreffens sind wichtig, nicht zuletzt um teilnehmen zu können. Wenn diese nicht da sind, ziehen sich Verlierer zurück ins Privatleben und interessieren sich nicht mehr für das Gesellschaftliche. Dies wäre ein grosser Verlust für eine republikanische Gesellschaft wie die der Schweiz, die auf Partizipation ausgerichtet ist.

---

13   Rosita Fibbi und Dusan Ugrina (2010).

Bibliographie

Akademien der Wissenschaften Schweiz (2009): *Zukunft Bildung Schweiz. Anforderungen an das schweizerische Bildungssystem 2030.* Bern, Akademien der Wissenschaften Schweiz.

Claudio Bolzman, Rosita Fibbi und Marie Vial (2003a): *Secondas – secondos: le processus d'intégration des jeunes adultes issus de la migration espagnole et italienne en Suisse.* Zürich, Seismo.

Claudio Bolzman, Rosita Fibbi und Marie Vial (2003b): *Was ist aus ihnen geworden? Der Integrationsprozess der jungen Erwachsenen mit Migrationshintergrund.* In: Hans-Rudolf Wicker, Rosita Fibbi und Werner Haug (Hrsg.): *Migration und die Schweiz: Ergebnisse des Nationalen Forschungsprogramms «Migration und interkulturelle Beziehungen».* Zürich, Seismo, S. 453–480.

Pierre Bourdieu und Jean-Claude Passeron (1971): *Die Illusion der Chancengleichheit. Untersuchungen zur Soziologie des Bildungswesens am Beispiel Frankreichs.* Stuttgart, Klett.

Gianni D'Amato (2001): *Vom Ausländer zum Bürger. Der Streit um die politische Integration von Einwanderern in Deutschland, Frankreich und der Schweiz.* Münster, Lit-Verlag.

Rosita Fibbi et al., Hrsg. (2005): *L'intégration des populations issues de l'immigration en Suisse: personnes naturalisées et deuxième génération = Die Integration der ausländischen zweiten Generation und der Eingebürgerten in der Schweiz.* Neuchâtel, Office fédéral de la statistique.

Rosita Fibbi und Dusan Ugrina (2010): Second generation of Turkish and former Yugoslavian Descent in Zurich and Basel. A Country Report. In: Maurice Crul und Jens Schneider (Hrsg.): The Integration of the European Second Generation. Amsterdam, Amsterdam University Press.

Eva Mey und Miriam Rorato (2010): *Jugendliche mit Migrationshintergrund im Übergang ins Erwachsenenalter – eine biographische Längsschnittstudie.* Luzern, Hochschule Luzern.

OECD (1999): *Mesurer les connaissances et compétences des élèves un nouveau cadre d'évaluation.* Paris, OECD.

OECD (2004): *Learning for tomorrow's world first results from Pisa 2003.* Paris, OECD.

OECD (2007): *PISA 2006. Schulleistungen im internationalen Vergleich – naturwissenschaftliche Kompetenzen für die Welt von morgen.* Paris, OECD.

Robert E. Park (1928): *Human Migration and the Marginal Man.* In: *American Journal of Sociology*, Jg. 33, S. 881–893.

Michael J. Piore, (1979): *Birds of passage: migrant labor and industrial societies.* Cambridge/New York, Cambridge University Press.

Programme for International Student Assessment (PISA) und OECD (2006): *Where immigrant students succeed. A comparative review of performance and engagement in PISA 2003.* Paris, OECD.

Andreas Wimmer (2003): *Etablierte Ausländer und einheimische Aussenseiter: soziale Kategorienbildungen und Beziehungsnetzwerke in drei Immigrantenquartieren.* In: Hans-Rudolf Wicker, Rosita Fibbi und Werner Haug (Hrsg.): *Migration und die Schweiz: Ergebnisse des Nationalen Forschungsprogramms «Migration und interkulturelle Beziehungen».* Zürich, Seismo, S. 207–236.

OXA, X-TRA

Photographien und Zusammenstellung: Anne Morgenstern.

Während eines halben Jahres hat die Photographin Anne Morgenstern die siebzehnjährige S.J. und ihre Clique begleitet: In angesagte Zürcher Clubs, zu Verabredungen und bei den Vorbereitungen dazu. Der Fokus lag dabei auf Aspekten der Inszenierung von Körperlichkeit und Zugehörigkeit, aber auch auf der forschenden Dokumentation des Freizeit- und Gruppenverhaltens einer migrantischen Jugendlichengruppe im jugendkulturellen Mainstream und auf der Inszenierung von Identität zwischen Selbstdarstellung, Selbstbehauptung und Verletzbarkeit.

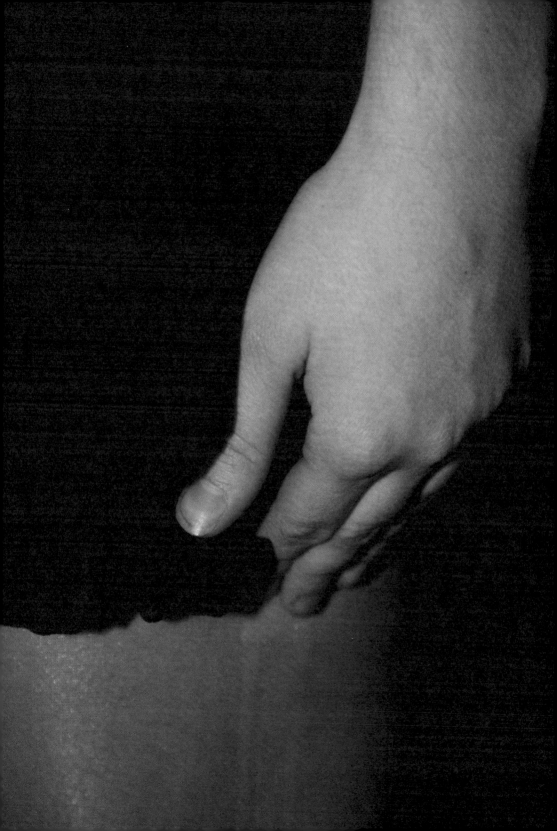

VISUALITÄT ALS RESSOURCE
HINWEISE ZUM UMGANG MIT VISUELLEN AUSDRUCKSSPRACHEN IN DER PRAXIS

Als ergänzendes Arbeitsmittel kann auf http://migration-design.zhdk.ch ein Poster bestellt und/oder heruntergeladen werden.

Das Forschungsprojekt «Migration Design – Codes, Identitäten, Integrationen» wurde in Kooperation mit Institutionen durchgeführt, die mit ihrer Arbeit an der Integration[1] von jugendlichen Ausländern und Secondos in die Berufs- und Bildungswelt und in den Alltag beteiligt sind: in der Jugendförderung, der Sozialen Arbeit oder in der Berufsbildung. Die Fachleute beschäftigen sich dabei in unterschiedlichen Funktionen – als Coach in der Berufsintegration, als LehrmeisterInnen oder als JugendarbeiterInnen – mit Fragen von Identität, Migration und Jugendkultur.[2]

Trotz der unterschiedlichen Praxisfelder, in welchen die Institutionen aktiv sind, sind ihnen zwei Dinge gemeinsam: Einerseits sind sie alle in ihrer täglichen Arbeit mit visuellen Ausdruckssprachen von Jugendlichen konfrontiert. Diese Ausdruckssprachen und die dazugehörenden Codes sind für die Jugendlichen von grösster Bedeutung[3]. Oft sind diese Ausdruckssprachen

---

1   Vgl. die Einleitung von Christian Ritter im vorliegenden Band.
2   Für zentrale Kernbegriffe vgl. auch das Glossar auf S. 276.
3   Vgl. den Artikel «Magische Ambivalenz. Visualität und Jugend zwischen den Kulturen» von Christian Ritter im vorliegenden Buch.

aber mitverantwortlich für die erschwerte Kommunikation zwischen Jugendlichen und Erwachsenen (Fachleute aus der Sozialen Arbeit, Ausbildner in Lehrbetrieben etc.). Eine zweite Gemeinsamkeit der Institutionen ist ihre an das Forschungsprojekt gerichtete Erwartung, mehr über die Hintergründe und die Bedeutung solcher Ausdruckssprachen zu erfahren und dieses Wissen in ihrer Arbeit produktiv machen zu können. Dabei geht es speziell um die Arbeit mit Jugendlichen mit Migrationshintergrund aus den Ländern und Regionen des ehemaligen Jugoslawien.

In welchen Bereichen ihrer Arbeit können die Erkenntnisse aus der Forschung nun sinnvoll eingesetzt werden? Die folgenden Darstellungen sollen Möglichkeiten der Implementierung in der Praxis aufzeigen und darauf hinweisen, welche Beiträge in der vorliegenden Publikation sich den jeweiligen Problemstellungen annehmen.

In einem ersten Schritt soll es darum gehen, die gemeinsamen Probleme und Interessen der unterschiedlichen Praxisfelder zu klären. In einem zweiten Schritt werden gemeinsame Arbeitsfelder skizziert, in denen der Umgang mit Visualität, Migration und Identitätsbildung verbessert und für die jeweiligen Praxisfelder fruchtbar gemacht werden kann.

1. Probleme und Bedürfnisse der Praxis

Um die gemeinsame Ausgangslage der beteiligten Institutionen zu klären, wurden zu Beginn des Forschungsprojekts umfangreiche Vorgespräche und Experteninterviews mit Fachleuten geführt. Die Fachleute arbeiten alle bei Institutionen, die als Projektpartner am Projekt «Migration Design» beteiligt sind, oder sie wurden über diese vermittelt – zum Beispiel im Fall von Selektionsverantwortlichen aus der Berufsbildung. Um ein möglichst vollständiges Bild der Situation zu bekommen, war es dabei wichtig, sowohl mit Personen zu sprechen, die an der «Basis» operativ mit Jugendlichen arbeiten, wie auch mit Entscheidungsträgern, die in die strategische Arbeit der jeweiligen Institutionen eingebunden sind.

Probleme der Praxis – Der in der Praxis feststellbare Umgang mit visuellen Phänomenen von Migration und Jugendkultur wird von den befragten Fachleuten in vieler Hinsicht als nicht genügend fundiert bezeichnet. Es fehlen ihnen Grundlagen, die dieses Feld benennen und auf mögliche Konflikte hinweisen – aber auch auf das Potential des Themas. Diese Einschätzung teilen auch die am Forschungsprojekt beteiligten Wissenschaftlerinnen und Wissenschaftler. Denn trotz der zunehmenden Bedeutung visueller Formen der Selbstrepräsentation für die Jugendlichen – zum Beispiel durch Handy-Bilder oder in den Sozialen Netzwerken des Internet – ist die Auseinandersetzung mit visuellen Ausdruckssprachen erst seit jüngster Zeit ein Thema in der Aus- und Weiterbildung der Professionellen. Vielen Fachleuten fehlt darum die Vorstellung darüber, in welchen Zusammenhängen und mit welchem (jugend-)kulturellen und sozialen Hintergrund sich die Jugendlichen inszenieren. Insbesondere die bei den Jugendlichen beliebten Internet-Plattformen wie Netlog sind selbst für Fachleute «terra incognita». Ebenso die Art und die Bedeutung der Bilder, mit denen sich die Jugendlichen in Szene setzen. Vor diesem Hintergrund lässt sich der gemeinsame Handlungsbedarf der Institutionen und Betriebe benennen, der folgendermassen zusammengefasst werden kann:

- **Bedeutung visueller Ausdruckssprachen** – Visuellen (nonverbalen) Codierungen und Ausdruckssprachen kommt eine zunehmende Bedeutung hinsichtlich der Kommunikationspraxis im Berufsalltag zu. Sei dies im Kontakt zwischen Jugendlichen und den Fachleuten oder im Kontakt der Jugendlichen mit Verantwortlichen aus der Berufsbildung.
- **Unproduktive Missverständnisse** – Unverständnis und Irritation über kulturell bedingte visuelle Phänomene und Codierungen werden als problematisch und unproduktiv für die Arbeit erlebt.
- **Komplexe Anforderungen** – Der von den Institutionen praktizierte Umgang mit visuellen Codes und Ausdruckssprachen ist den komplexen Anforderungen an die Kommunikation von und mit Jugendlichen mit Migrationshintergrund in vielen Fällen nicht gewachsen.
- **Konkurrierende Ausdruckssprachen** – Widerstreitende und konkurrierende visuelle Ausdruckssprachen erschweren die Kommunikation mit und die Ansprache von Jugendlichen.
- **Fehlendes Know-how** – Der Praxis fehlt fundiertes Know-how, um angemessen und kompetent mit visuellen Phänomenen umgehen zu können.

Bedürfnisse der Praxis – Trotz der unterschiedlichen Praxisfelder, in denen die Institutionen arbeiten, gibt es Probleme, die diesen gemeinsam sind. In einem weiteren Schritt sollen nun die gemeinsamen Bedürfnisse der Institutionen dargestellt werden, von deren Beantwortung diese sich eine Stärkung ihrer Kompetenzen bezüglich Fragen der transkulturellen Kommunikation erhoffen. Es geht dabei um die Frage, für welche Bereiche ihrer Arbeit sich die Fachleute eine Hilfestellung wünschen, um den Umgang mit visuellen Ausdruckssprachen zu verbessern. Dafür wurden von den Fachleuten folgende Anliegen an das Forschungsprojekt benannt:

- **Standortbestimmung** – Auslegeordnung des Themas «visuelle Ausdruckssprachen im Kontext von Migration und Jugendkultur».
- **Konfliktprävention** – Hintergrundwissen, um das Verständnis für visuelle Ausdruckssprachen und unterschiedliche Kommunikationskulturen zu verbessern und Reflexe auf (jugend-)kulturelle Codes bewusst und verhandelbar machen.
- **Ansprache der Zielgruppe** – Hinweise zu den Medienformen und Bildwelten, in denen und durch die die Jugendlichen kommunizieren. Kennenlernen der Ausdruckssprachen, um die MigrantInnen-Jugendmilieus gestalterisch und habituell besser adressieren zu können.
- **Arbeitsmittel** – Empfehlungen für den Einbezug visueller Verfahren in die Arbeit mit Jugendlichen mit Migrationshintergrund.

2. Arbeitsfelder

Ausgehend von den gemeinsamen Problemen und Bedürfnissen geht es darum, Arbeitsfelder zu benennen, in welche die Erkenntnisse aus dem Projekt einfliessen können. Dabei geht es auch um Vorschläge, in welchen Praxisfeldern dies besonders sinnvoll scheint: Was für die Kommunikation der Jugendarbeit sinnvoll ist (zum Beispiel die Ansprache der Zielgruppe), muss nicht von selbem Interesse für die Berufsbildung sein etc.

Auf welche Weise die Ergebnisse aus der Forschung in der konkreten Arbeit der Institution zur Anwendung kommen, liegt natürlich immer im Ermessen der jeweiligen Institution. Ihre Kommunikationsanforderungen sind spezifisch und verlangen nach Grundlagen, die keine bestimmte Arbeitsweise vorsehen, sondern ein flexibles Korpus an Hintergrundwissen, Empfehlungen und eine breite Auslegeordnung von visuellem Material anbieten. So ist es möglich, den unterschiedlichen Bedürfnissen der Projektpartner zu entsprechen und das Wissen aus der Forschung sowohl in die strategische als auch in die operative Arbeit miteinzubeziehen.

Um diesen Anforderungen zu entsprechen, werden die drei Arbeitsfelder «Reflektieren», «Thematisieren» und «Kommunizieren» vorgeschlagen, die zuerst in einer Tabelle dargestellt und anschliessend bezüglich ihrer Spezifika und ihrer verschiedenen Anwendungsmöglichkeiten in den jeweiligen Arbeitsfeldern im Detail ausgeführt werden.

Arbeitsfeld	Ziel
Reflektieren	Kompetenter und reflektierter Umgang mit visuellen Codes und Ausdruckssprachen, Reflexe bewusst und verhandelbar machen
Thematisieren	Erschliessung von Themen und Lebenswelten der Jugendlichen durch visuelle Verfahren
Kommunizieren	Verbesserung der Ansprache der Zielgruppe durch Kenntnisse ihrer Medienformen und Bildwelten

3. Reflektieren: Reflexe bewusst machen

Ausgangslage – Fachleuten aus der Praxis fehlt oft fundiertes Hintergrundwissen, das die Bedeutung visueller Codierungen und Ausdruckssprachen in der Kommunikation von und für die Kommunikation mit Jugendlichen thematisiert. Schulungen wie z.B. die Ausbildung von Lehrmeistern befassen sich zwar mit lebensstilrelevanten Aspekten von Jugend und Jugendkultur. Ebenso sind Fachleute aus der Sozialen Arbeit sensibilisiert und geschult bezüglich den Themen Diaspora, Migration und Jugendkultur. Fundiertes Wissen über die Bedeutung und die Hintergründe visueller Ausdruckssprachen im transkulturellen Raum und über damit verbundene Probleme und Ressourcen ist jedoch kaum verfügbar. Ohne dieses Hintergrundwissen ist es schwierig, einen reflektierten Umgang mit den visuellen Ausdruckssprachen der Jugendlichen zu praktizieren und die eigenen Reflexe darauf verhandelbar zu machen. In dieser Hinsicht zu begrüssen ist sicher die gegenwärtige Tendenz, die Bedeutung Sozialer Netzwerke in die Aus- und Weiterbildung der Fachleute mit einzubeziehen.

Erschwerte Kommunikation – Nicht oder ungenügend reflektierte Reflexe auf (kulturelle und jugendkulturell geprägte) visuelle Ausdruckssprachen sind zum Beispiel von besonderer Relevanz bei der Vergabe von Lehrstellen. Die Untersuchung «Lehrlingsselektion in kleinen und mittleren Betrieben – Integration und Ausschluss beim Übergang von der Schule in die Berufslehre»[4] hat festgehalten, dass Bewerbungen von Jugendlichen mit Migrationshintergrund

---

4   Nationales Forschungsprogramm NFP 51 «Integration und Ausschluss», Forschungsprojekt «Lehrlingsselektion in kleinen und mittleren Betrieben – Integration und Ausschluss beim Übergang von der Schule in die Berufslehre», Dezember 2003 bis Februar 2007. Vgl. http://www.lehrlingsselektion.ch.

(insbesondere aus den Ländern und Regionen des ehemaligen Jugoslawien und aus der Türkei) mit starken Vorbehalten begegnet wird. Die befragten selektionsverantwortlichen Personen hatten oft Mühe, die Zurückweisung besagter Jugendlicher rational zu begründen. Vielmehr spielt dabei auch das emotionale Unbehagen gegenüber der kulturellen Prägung der Jugendlichen eine Rolle. Der «Entscheidung aus dem Bauch» wurde dabei von den selektions-verantwortlichen Personen eine grosse Bedeutung beigemessen.

Das Forschungsprojekt «Migration Design» geht davon aus, dass vor allem prägende Alltagserfahrungen entscheidend sind für Vorbehalte gegenüber Jugendlichen mit Migrationshintergrund aus den Ländern und Regionen des ehemaligen Jugoslawien.

Visuelle Ausdruckssprachen spielen dabei eine entscheidende Rolle für die Zuschreibungen von Images und stereotypen Eigenschaften. Es ist davon auszugehen, dass nicht nur der «slawische Akzent» (oft als «Balkan-Slang» bezeichnet) für das «Bauchgefühl» der Fachleute verantwortlich ist, sondern in hohem Masse auch visuelle Aspekte wie die Posen oder der Kleidungsstil der Jugendlichen. Gerade in ihrer Freizeit, wenn sie als Gruppe in der Öffent-lichkeit sichtbar werden, legen die Jugendlichen besonderen Wert auf die Ausdruckskraft von Kleidung und Körper. Von den Erwachsenen werden sie als Gruppe also vor allem dann wahrgenommen, wenn sie aktiv, provokativ und in gruppendynamische Prozesse eingebunden sind. Darin unterscheiden sich jugendliche «Balkaner»[5] auch nicht von anderen jugendkulturellen Grup-pen. Dennoch rufen sie offenbar starke Irritationen hervor. Vielleicht gerade darum, weil die Erwachsenen nicht verstehen, was daran der «fremden Kultur» geschuldet und was Teil einer jugendkulturellen Ausdruckssprache ist. Dass diese Irritation womöglich mit ins Vorstellungsgespräch oder in die Beratungs-stunde getragen wird, erschwert die Kommunikation zwischen den Jugendlichen und den Erwachsenen.

Fehlendes Problembewusstsein – Unbewusste Reflexe, kulturelle Missver-ständnisse und Irritation über die visuellen Ausdruckssprachen der Jugendli-chen sind Probleme, die die Landschaft der Praxis in ihrer gesamten Breite betreffen, von der Berufsbildung bis zur Jugendförderung – wenn auch unter unterschiedlichen Vorzeichen. Gerade in der Sozialen Arbeit und in der Jugend-

---

5   Der Ausdruck «Balkaner» fiel als Selbstbezeichnung in den Interviews und lässt sich
    in diversen Sozialen Netzwerken und Internet-Foren beobachten. Vgl. den Artikel
    «Web 2.0 – Freizeit und soziale Netzwerke» von Gabriela Muri im vorliegenden Buch,
    besonders S. 164f.

förderung sind Missverständnisse in der Kommunikation oft darin begründet, dass die Fachleute ihre Kompetenz (ihr Reflexionsvermögen) als durchaus genügend einschätzen. Das dafür geltend gemachte Erfahrungswissen zeigt sich aber oft als eine primär moralische Position, die die eigene Reaktion auf Phänomene negiert, die etwas mit der Kultur der Jugendlichen zu tun haben könnte. Dieses fehlende Problembewusstsein ist zumindest dann problematisch, wenn wesentliche Aspekte der Kommunikation der Jugendlichen ausserhalb des Radars der Fachperson ablaufen und darum nur partiell in die Arbeit miteinbezogen werden.

Weiter zeigt sich auch, dass Fachleute teilweise Mühe bekundeten, mögliche Beispiele für visuelle Codes und Ausdruckssprachen zu benennen. In den Experten-Interviews gelang dies oft nur im Rückgriff auf illustrative Klischees wie das Beispiel der bei Kosovaren beliebten weissen Hosen. Das ist zumindest dort ein Hinweis auf fehlendes Bewusstsein für die Thematik, wo ebendiese Fachleute täglich mit Jugendlichen aus dem Kosovo arbeiten und ein Sensorium für nonverbale Ausdrucksformen die Arbeitspraxis erleichtern würde.

Reflexion durch Information – Ein kompetenter Umgang mit visuellen Ausdruckssprachen ist nur möglich, wenn die visuellen Ausdruckssprachen der Jugendlichen von den Fachleuten als solche erkannt und reflektiert werden.

Für die Konfliktprävention und -bewältigung im Zusammenhang mit jugendlichen Ausländern und Secondos ist es darum *erstens* notwendig, nonverbale Ausdrucksformen – Körpersprachen, Gesten, Kleidung und Styling etc. – als für die Jugendlichen wichtige Formen der Kommunikation und Identitätsbildung anzuerkennen.

Zweitens ist es wichtig, ein gewisses Mass an Vertrautheit mit den Ausdrucksformen und Kommunikationsstilen dieser Jugendlichengruppe zu entwickeln. Ein Wissen darüber also, an welchen Referenzen aus der Jugendkultur und dem Universum der globalen Pop- und Konsumkultur sich die Teenager orientieren, wenn sie sich in Szene setzen.

Drittens ist es wichtig zu unterscheiden, was dabei jugendkulturelle Codes sind, die zum Beispiel von einem Serben, einer Kroatin oder einem Kosovaren präsentiert werden, und wo sich die Jugendlichen bewusst auf ihre Herkunftskultur beziehen. Nur dann lässt sich das Missverständnis umgehen, dass der «Style» eines Serben oder das Make-Up einer Kroatin als «typisch jugoslawisch» – also als bewusstes ethnisches oder politisches Statement – wahrgenommen wird, statt als Teil einer jugendkulturellen Ausdruckssprache.

Das muss nicht bedeuten, sich mit Ausdrucksformen anzufreunden, die nicht den Anforderungen entsprechen, die etwa ein Unternehmen an die

Kleidung und das Auftreten der Mitarbeiter stellt. Vielmehr geht es darum, mittels einer professionellen und differenzierten (und manchmal auch distanzierten) Sichtweise faire Bedingungen für die gegenseitige Verständigung zu schaffen – rational und ohne das «Bauchgefühl» als launischen Berater. Das ist aber nur möglich durch die Beschäftigung mit der Alltagswelt der Jugendlichen und durch das Kennenlernen der Hintergründe und Referenzen, die die visuellen Ausdruckssprachen bestimmen. Nur dann gelingt es, jugendkulturelle Codes auch als solche zu verstehen und nicht vorschnell den Schluss zu ziehen, es mit etwas «typisch Serbischem» oder «typisch Kroatischem» zu tun zu haben.

4. Thematisieren: Zugänge zu Themen schaffen

Ausgangslage – Für Professionelle, die mit Jugendlichen arbeiten – insbesondere im Coaching, in der Jugendförderung oder in der Konfliktprävention – ist es von grosser Bedeutung, die Themen und Lebenswelten der Jugendlichen zu verstehen. Nicht immer fällt der Zugang dazu leicht. Oft äussern sich die Teenager gegenüber Erwachsenen sehr dezidiert und filtern die Informationen, die sie ihrem Gegenüber preisgeben. Insbesondere dann, wenn ihre persönliche Situation in Schule, Ausbildung und Familie thematisiert und als Problem diskutiert wird. Bei Jugendlichen mit Migrationshintergrund oder mit problematischem Bildungshintergrund kommen dazu oft auch Schwierigkeiten und Unsicherheiten, sich verbal auszudrücken.

Im Gegensatz dazu bieten visuelle Ausdrucksformen den Jugendlichen die Möglichkeit, sich abseits dieser Schwierigkeiten und in einer ihnen vertrauten Form auszudrücken und auf sich aufmerksam zu machen – zum Beispiel in den Bildwelten Sozialer Netzwerke wie Netlog. Die Jugendlichen drücken sich aber nicht nur durch visuelle Formen der Selbstrepräsentation aus. Sie sind auch geübt darin, über Bilder zu sprechen: darüber, was in Bildern dargestellt ist (das Motiv), wie die Bilder gemacht sind (Machart) und, was Bild und Motiv im Kontext der Jugendlichengruppe für eine Bedeutung haben (Rezeption).

Reden über Bilder – In der Untersuchung hat es sich als für die Praxis fruchtbar erwiesen, Bilder als Ausgangspunkt für Gespräche über die Situation der Jugendlichen zu nehmen. Das Spektrum der Themen, die dabei angesprochen und besprochen wurden, reicht von der Frage nach dem «eigenen Stil» (Bedeutung von Style, Brands etc.) über Fragen zu körperlichen Inszenierungen (Verhältnis zu Geschlecht und Körper) bis zu den Themen Mediengebrauch

(Photographie, Internet, TV) oder Familie (sozioökonomische Situation, Herkunft, Rolle der Eltern).

Der Katalog der möglichen Themen lässt sich je nach den Anforderungen der Praxisfeder erweitern und schärfen. Im Rahmen des Forschungsprojekts «Migration Design» standen Themen aus dem Kontext von Visualität, Identität und Migration im Vordergrund. Es lässt sich aber eine Vielzahl weiterer Themen denken, die in den Praxisfeldern von Bedeutung sind: Wirtschaft und Geld, Bildung und Beruf, Gesundheit und Ernährung etc.

Stärken des Verfahrens – Das Verfahren, Bilder als Ausgangspunkt für Gespräche zu nehmen, hat drei wesentliche Stärken:

Erstens eignet sich das Verfahren zur Annäherung an Themen und Erfahrungen bei Jugendlichen, die in ihrer Kommunikation mit sprachlichen oder bildungsbedingten Schwierigkeiten zu kämpfen haben. Davon betroffen sind oft Jugendliche mit Migrationshintergrund.

Zweitens öffnet das Verfahren Perspektiven in der Kommunikation mit Jugendlichen, die durch mediale und gesellschaftliche Stigmatisierung einen defensiven (oder auch aggressiven) Kommunikationsstil entwickelt haben.

Drittens liegt das Potential des beschriebenen Verfahrens auch in seiner Flexibilität und Ausbaufähigkeit. In der Umsetzung kann das Verfahren an den jeweiligen Anforderungen der Praxis ausgerichtet und entsprechend angepasst werden.

Ziel und Rahmen definieren – Die leitende Person sollte darüber Klarheit haben, mit welchem Ziel sie das vorgeschlagene Verfahren in ihre Arbeit miteinbeziehen will: Werden den Teilnehmern mitgebrachte Bilder vorgelegt oder müssen sie eigene Bilder mitnehmen? Sollen die Teilnehmer die Bilder selber produzieren und welches Thema wird ihnen dafür vorgegeben? Werden die Bilder mit einer anderen Aufgabe verknüpft – zum Beispiel mit dem Erzeugen einer Collage oder dem Erlernen einer technischen Fertigkeit? Oder geht es darum, die Kommunikationsbereitschaft der Jugendlichen zu trainieren und die eigene Darstellung und Wahrnehmung zu thematisieren (z.B. im Coaching von LehrstellenbewerberInnen)?

Es ist aber nicht nur wichtig, dass die Leitung das interne Ziel der Anwendung definiert. Es ist auch wichtig, den Rahmen und die Abläufe der Anwendung klar zu bestimmen. Eine gute Vorbereitung, eine klare Aufgaben- und Fragestellung an die Teilnehmer und eine saubere Abwicklung der geplanten Arbeitsschritte bilden das Fundament für eine gelungene Durchführung. So lässt sich vermeiden, dass das Verfahren zum «Smalltalk» verkommt, sich die

Jugendlichen auf diskreditierende Weise über die photographierten Personen äussern oder die Gespräche zum Schlagabtausch politischer Ansichten oder stereotyper Geschlechterbilder werden. Ausserdem ist es notwendig – sofern die Teilnehmer selber photographieren sollen –, die Verwendung der Bilder vorgängig zu erklären und Vorbehalte zu diskutieren.

Von Vorteil ist auch ein neutraler thematischer Aufhänger als Einstieg in das Verfahren. Auch wenn beispielsweise dem Migrationshintergrund der Teilnehmer das hauptsächliche Interesse gilt – wie in diesem Forschungsprojekt –, muss dies nicht das «Thema» der Aufgabe sein. Die Erfahrung zeigt, dass Mediennutzung oder Styling geeignetere Ausgangspunkte sind als etwa Themen wie Herkunft oder Sexualität – insbesondere unter Berücksichtigung gruppendynamischer Prozesse. Sinnvoll kann es auch sein, das Verfahren mit einer Übung zu koppeln, wie dem Erlernen von IT-Anwendungen wie Powerpoint-Präsentationen, für die das Bildmaterial nutzbar gemacht werden kann.

Erfahrungsbericht – Ein Erfahrungsbericht aus dem Forschungsprojekt «Migration Design» soll dabei helfen, die möglichen Arbeitsschritte etwas genauer zu besprechen. Das Verfahren wurde im Rahmen der Forschung zweimal angewandt: einmal im Mai 2005 als Teil der Forschungsarbeit und ein zweites Mal als Pilotanwendung durch Fachleute aus der Praxis ab Ende 2009. Beide Anwendungen fanden im Praxisfeld der Berufsintegration und innerhalb des Programms von IMPULSIS (Projektpartner im Forschungsprojekt) statt. Das *interne* Ziel des Moduls war es, Erkenntnisse zu gewinnen über:

- die Bedeutung von Bildern und Bildsprachen für die Teilnehmer;
- die Bedeutung von Sozialen Netzwerken und für die diesbezüglichen Erfahrungen der Teilnehmer;
- die ästhetischen, medialen, kulturellen und jugendkulturellen Hintergründe der Inszenierungsformen der Teilnehmer.

Ausserdem war es wichtig, dass die Jugendlichen dabei eigenes Bildmaterial generieren, das für die Forschung fruchtbar gemacht werden kann. Das Ziel für die beteiligte Institution war es, Prozesse von Selbstwahrnehmung und Selbstreflexion zu den Themen Selbstrepräsentation, Mediennutzung und (jugend-)kultureller Hintergrund bei den Teilnehmern in Gang zu setzen. Die Untersuchung war auf Jugendliche aus den Ländern und Regionen des ehemaligen Jugoslawien fokussiert. Es war aber eine wichtige Bedingung des Forschungsmoduls, dass auch Jugendliche aus der Schweiz und anderen Herkunftsländern unter den Teilnehmern waren.

Die Teilnehmer wurden instruiert, mit Einwegkameras Photographien zu folgenden Themen zu machen: 1. *Mein Style*: Portraits oder Selbstportraits, welche wichtige Outfits und Posen zeigen. 2. *Mein Haus / Mein Block*: Photographien des eigenen Zimmers und der mitgenutzten Wohnräume, inkl. Aussenaufnahme der Liegenschaft.

Die Photographien wurden vom Forschungsteam entwickelt und ausgewertet. Auf dieser Grundlage wurden ein Fragenkatalog erstellt und mit den Teilnehmenden (in nach Geschlecht und kulturellem Hintergrund durchmischten Gruppen) Gespräche über die Photographien geführt. Eine Auswahl dieser Photographien ist im Bildbeitrag «Mein Haus, mein Block, mein Style» ab Seite 253f. zu sehen. Miteinbezogen wurden auch Bilder aus dem Fundus des Forschungsprojekts (z.B. Bilder aus dem Internet). In einer zweiten Gesprächsrunde wurde das Spektrum der besprochenen Bilder erweitert durch Bilder aus den Netlog-Profilen der Teilnehmenden. Diese Bilder haben die Teilnehmenden zum Teil online auf einem Computer gezeigt und kommentiert. Zudem wurden Bilder der Photographin Anne Morgenstern besprochen, die einige der Teilnehmenden bei ihren Freizeitaktivitäten im Feld begleitet und photographiert hatte.

Abb. 52–54 Videostills aus den Gruppengesprächen

Im Kontext des Forschungsprojekts wurde das beschriebene Vorgehen als sehr produktiv erlebt. Die Teilnehmer waren in den Gesprächen engagiert und ihre Äusserungen oft überraschend dicht. Die Kompetenz der Jugendlichen, über Bilder zu sprechen und sich in und über Bilder mit Themen aus ihrem Alltag auseinanderzusetzen, zeigte sich als fruchtbare Ressource für die Kommunikation mit Jugendlichen mit Migrationshintergrund.

Zu betonen ist, dass das Verfahren nicht nur Wissen auf Seiten der Fachleute generiert, indem es Zugang zu den Themen und Lebenswelten der Jugendlichen schafft. Auch die Kompetenzen der Jugendlichen werden dabei gestärkt. Ausgehend von den Erfahrungen des Forschungsteams und der Auswertung der Pilotanwendung lassen sich folgende Ziele vorschlagen:

1. Selbstreflexion der Jugendlichen in Gang setzen
2. Analysefähigkeit entwickeln und erproben
3. Probleme in Alltag und Berufswelt veranschaulichen

Diese drei Ziele sind beispielsweise im Coaching von jugendlichen Stellensuchenden von Bedeutung, etwa in der Vorbereitung für Assessmentverfahren im Rahmen von Vorstellungsgesprächen – der auch in der Mediation und Konfliktprävention zwischen unterschiedlichen Jugendlichengruppen oder zwischen Jugendlichen und Erwachsenen – in allen Bereichen also, wo die Thematisierung der Selbst- und Fremdwahrnehmung die interne und externe Kommunikation erleichtern und zu einer besseren Integration in die Berufs- und Bildungswelt und in den Alltag beitragen kann.

5. Kommunizieren: Ansprache der Zielgruppe

Ausgangslage – Die Möglichkeit zur Beteiligung am gesellschaftlichen Geschehen ist eine wichtige Voraussetzung für die Integration von Jugendlichen in die Berufs- und Bildungswelt sowie in den Alltag. Das betrifft nicht nur Jugendliche mit Migrationshintergrund. Aber aufgrund oftmaliger Ausgrenzung und gesellschaftlicher Stigmatisierung sowie zur Prävention des Rückzugs in die «Sicherheit» der angestammten Kultur kommt der Partizipation von jugendlichen Ausländer und Secondos eine besondere Bedeutung zu. Aufgrund der demographischen Situation der Schweiz ist die Integration in die Berufs- und Bildungswelt sowie in den Alltag von ebenso gesellschaftlichem wie von wirtschaftlichem Interesse.

Die an Integrationsprozessen beteiligten Institutionen versuchen auf unterschiedliche Arten die Jugendlichen anzusprechen. Und nicht für alle hat die habituelle Ansprache der Zielgruppe dieselbe Relevanz: Manchen Institutionen werden die Jugendlichen durch andere soziale Einrichtungen oder Behörden (von Schulen bis zur Jugendanwaltschaft) vermittelt und zugewiesen. Andere Institutionen müssen sich stärker bemühen, mit ihren Angeboten sichtbar zu werden und die Jugendlichen anzusprechen. Es lassen sich zwei grundsätzlich unterschiedliche Kommunikationsziele feststellen, die die Institutionen mit ihren Prospekten, Flyern und Homepages erreichen wollen: im ersten Fall die Bewerbung der Institution gegenüber Behörden und Ämtern, im zweiten Fall die Bewerbung von Angeboten und Veranstaltungen gegenüber den Jugendlichen. Nicht selten sollen aber beide Ziele durch dieselben ästhetischen und medialen Strategien erreicht werden. Das ist nicht immer unproblematisch –

nur schon darum nicht, weil eine der beiden Zielgruppen in der Regel stärker gewichtet wird und die andere, vermeintlich auch angesprochene Zielgruppe dadurch zwingend ins Hintertreffen gerät.

Bewerbung der Institution – Institutionen im Bereich der Jugendförderung, der Berufsintegration oder der Mediation arbeiten oft im Mandatsverhältnis. Sie müssen sich mit ihrer Dienstleistung dem Wettbewerb um Aufträge und Akkreditierungen stellen. Auftraggeber sind beispielsweise kantonale und kommunale Ämter, im Fokus der strategischen Kommunikation sind aber auch private Geldgeber wie Stiftungen und Firmen, die soziales Sponsoring betreiben. Die Kommunikationsmittel von Institutionen, die auf solche Partnerschaften ausgerichtet sind, sind meist professionell gestaltet und folgen dem Corporate Design der Institution. Aber nicht nur ihre Imagebroschüren, auch die Kommunikationsmittel, die sich an die Jugendlichen richten, sind durch das Corporate Design bestimmt. Diese Kommunikationsmittel – zum Beispiel Werbung für einen Kurs – sollen also die Jugendlichen ansprechen. Gleichzeitig und auf einer anderen Ebene der Kommunikation wird damit aber auch die Institution selbst beworben.

Abb. 55 – 58 Corporate Design: Beispiele aus der Praxis

Nicht immer passen die Vorgaben des Corporate Design mit der Ansprache der Zielgruppe zusammen. Zwischen der Ästhetik der jugendkulturellen Ausdruckssprachen und den Kommunikationsmitteln der Institutionen lassen sich denn oft auch erhebliche Differenzen feststellen. Das hat natürlich auch damit zu tun, dass viele Institutionen nicht eine bestimmte Jugendlichengruppe, sondern oft «die Jugend» in einer bestimmten Breite ansprechen wollen. Dennoch ist ein bewusster Umgang mit der Frage angezeigt, in welcher Form das Corporate Design der Institutionen sinnvoll in die Ansprache der Jugendlichen miteinbezogen werden kann – ohne durch die Betonung der Differenz zwischen den Jugendlichengruppen und der Institution die Schwelle zur Teilnahme am Angebot zu erhöhen.

Fehlendes Designbewusstsein – Im Gegensatz zu Institutionen und NGO's, die sich mit ihren Dienstleistungen an einem Markt orientieren und präsentieren müssen, lässt sich bei den Kommunikationsmitteln öffentlicher Institutionen seltener die Umsetzung eines vorgegebenen Corporate Design feststellen. Erkennungsmerkmale wie Logos, Farben etc. aus dem Corporate Design der übergeordneten Institution – etwa einem Städtischen Departement oder einem Dachverband – werden zwar oft in die Gestaltung der Kommunikationsmittel integriert. Doch die Plakate, Flyer und Webpages sind oft von Zweigstelle zu Zweigstelle und von Veranstaltung zu Veranstaltung verschieden und durch die Mitarbeiter der Institution (z.B. Jugendarbeiter) selbst gestaltet.

Von ähnlicher gestalterischer Unentschiedenheit sind häufig auch die Kommunikationsmittel kleinerer Institutionen und von Einzelpersonen, die ebenfalls auf Mandatsbasis arbeiten, sich im Wettbewerb aber weniger stark als Unternehmung positionieren müssen. Ihre Werbe- und Infomaterialien sind oft laienhaft gestaltet. Viele Fachleute sind wenig sensibilisiert für die Möglichkeiten visueller Kommunikationsmittel. Und da sie meistens «nur» Informationen für ein im Auftrag von Kanton oder Gemeinde durchgeführtes Angebot vermitteln sollen und die Dienstleistung nicht aktiv bewerben müssen, wird auf ein bewusstes Design oft verzichtet. Der Einbezug von Bildern oder die Gestaltung sind meistens nur «Beigemüse». Dazu kommt, dass eine laienhafte Gestaltung oft mit Authentizität in Verbindung gebracht werden soll – als bewusster Gegensatz zur Bildwelt der Lifestyle- und Werbeindustrie.

Abb. 59 – 61 Themen der Zielgruppe darstellen: Beispiele aus der Praxis

Es gibt weitere Gründe, die für die unreflektierte Gestaltung der Kommunikationsmittel mitverantwortlich sind: Zum Beispiel verfügen die Anbieter «inhouse» oftmals nicht über die gestalterische und technische (Software, Druck) Kompetenz zur Gestaltung eines «guten» Flyers oder Prospekts. Und oft besitzen sie nicht die finanziellen Ressourcen, um sich diese Dienstleistungen einzukaufen. Fehlt den Fachleuten das Bewusstseins über die Bedeutung visueller Sprachen und die Möglichkeiten einer professionellen Gestaltung *auch für das eigene Arbeitsfeld*, wird die Gestaltung und Produktion von Kommunikationsmitteln meist nur peripher in die Budgetplanung miteinbezogen.

Ein weiterer Grund ist, dass öffentliche Institutionen und Fachstellen sich primär in politischen Zusammenhängen behaupten müssen. Aufwändig gestaltete Drucksachen sind dabei nicht immer von Vorteil: Professionelle Gestaltung wird oft fälschlich mit kostspieliger Herstellung gleichgesetzt. Gelder für die Projektkommunikation und die professionelle Gestaltung von Kommunikationsmitteln werden immer auch in der Relation zu Lohnkosten, Kosten für die Infrastruktur etc. diskutiert und sind in diesem Zusammenhang nicht selten ein kritischer Posten. Was im privatwirtschaftlichen Sponsoring und in der Stiftungslandschaft als Teil einer professionellen Projektumsetzung und -kommunikation verstanden wird, wird in politischen Gremien unter anderen Gesichtspunkten bewertet.

Ansprechen der Jugendlichen – Um die Jugendlichen in lebensstilrelevanten Situationen abzuholen, ist mehr als die alleinige Auf- und Zubereitung von Informationen notwenig. Die Bewerbung muss in einer Form geschehen, die die Zielgruppe anspricht und herausfordert, die Neugier und Interesse weckt. Dafür ist es wichtig, dass sich die Kommunikationsmittel auf die Befindlichkeiten der Jugendlichen einlassen. Das heisst nicht, die Ausdruckssprache, die Bilder, Codes und Begriffe der Jugendlichen einfach zu kopieren und zu recyceln, sondern sich über diese kundig zu machen und Bezüge dazu herzustellen. Je nach Kommunikationsstrategie und entsprechend den unterschiedlichen Anforderungen (die Bewerbung eines Kurses unterscheidet sich von der eines Filmabends etc.) sind dafür unterschiedliche gestalterische und mediale Formen der Bewerbung angebracht: Einmal ist die Annäherung an den Lifestyle der Jugendlichen gefragt und die Bezugnahme auf ihre jugendkulturelle Ausdruckssprache. Das darf auch bedeuten, die an die Jugendlichen adressierten Klischees und Geschlechterbilder aus dem Lifestylebereich (z.B. Partyflyer, vgl. Abb. 62 – 64) durch die Gestaltung und die Auswahl von Bild und Text bewusst und gezielt zu irritieren und zu durchkreuzen.

Abb. 62 – 64 Style und Pose: Beispiele für Partyflyer aus dem Alltag der Jugendlichen

Ein andermal kann eine neutrale Vermittlungsästhetik ohne direkte Bezugnahme auf die ästhetischen Präferenzen der Jugendlichen sinnvoll sein. Etwa wenn es darum geht, unterschiedliche Milieus und Szenen gleichzeitig anzusprechen. Vor diesem Hintergrund können folgende zwei Massnahmen vorgeschlagen werden, um die kommunikative Kompetenz in der habituellen Ansprache zu erweitern: 1. Einbezug von Fachwissen (Designkompetenz) in die Konzeption und Produktion der Kommunikationsmittel, 2. Reflektierte Bezugnahme auf die visuellen Ausdruckssprachen der Jugendlichen.

1. Einbezug von Designkompetenz: Die Jugendlichen sind eine professionelle Machart von visuellen Werbemitteln gewohnt. Laienhaft gestaltete Flyer, Plakate und Prospekte haben kaum denselben Effekt wie solche, die den Betrachter in seiner visuellen Lesekompetenz ernst nehmen und über sein «Insiderwissen» – die Fähigkeit, Codes zu lesen und zu verorten – ansprechen. Solche Codes sind aber nicht nur jugendkultureller Natur: Auch die Gestaltung selbst, das Layout, die Schriftwahl etc., wird von den Jugendlichen rezipiert und entscheidet über die Glaubwürdigkeit der Veranstaltung und des Veranstalters. Eine Ästhetik, die auf die mangelnde Kenntnis von Software etc. hinweist, sollte also vermieden werden. Der Einbezug gestalterischer Kompetenz in die Konzeption und Anfertigung von Kommunikationsmitteln ist vor diesem Hintergrund empfehlenswert, zum Beispiel bei der Erarbeitung eines Gestaltungskonzepts und dem Erstellen von «Prototypen» (Templates), oder wenn es darum geht, mit typographischen und graphischen Korrekturen den Flyern, Prospekten und Plakaten den letzten Schliff zu verpassen.

2. Bezugnahme auf die Ausdruckssprache: Die inhaltliche und gestalterische Bezugnahme auf die Ausdruckssprache der Jugendlichen ist eine Aufgabe, die dezidiertes Hintergrundwissen erfordert. Visuelle Ausdruckssprachen sind immer auch ein Mittel der Abgrenzung und der Exklusion.[6] Gerade wenn es darum geht, unterschiedliche Personen aus einem nicht alleine jugendkulturell definierten Feld anzusprechen, kann die Verwendung jugendkultureller Codes zum Nachteil werden. Der Einbezug expliziter bildlicher Darstellungen und visueller Codes ist in jedem Fall gut zu bedenken, damit Missverständnisse und Konflikte umgangen werden können. Das Design soll sich der Zielgruppe annähern und diese habituell adressieren, ohne Anbiederung und ohne Konflikte zu provozieren. Es geht also nicht darum, Symbole aus dem Fundus der Jugendkultur zu verwenden, sondern sich auf die Ästhetik der Ausdruckssprache zu beziehen, die den Jugendlichen vertraut ist und durch die sie kommunizieren.

---

6   Vgl. den Artikel «Magische Ambivalenz – Visualität und Jugend zwischen den Kulturen» von Christian Ritter im vorliegenden Band.

Mit einer Ästhetik und einem Design also, das auf die Ausdruckssprache und den Stil der Jugendlichen Bezug nimmt, ohne sich einfach zu bedienen. Für die Ansprache von jugendlichen Ausländern und Secondos, die sich zum Beispiel an der Club- (Elektro-) und Hip-Hop-Szene orientieren, heisst das dann eben nicht, das Playboy-Bunny oder Macho-Posen auf Flyer darzustellen – sondern (zum Beispiel) die Ästhetik der Glamour-Culture durch Farben, Effekte, Schriften etc. in die Gestaltung einzubeziehen oder zu thematisieren.

Sensibilität und Reflexion – Die reflektierte Bezugnahme auf die Ausdruckssprache der Jugendlichen beinhaltet die Möglichkeit, auf die Symbole und Bilder der Teenager zu reagieren, die nicht selten Stereotype von Kultur, Geschlecht und Jugendkultur idealisieren. Es ist die Chance einer reflektierten Kommunikationspraxis, die Jugendlichen gleichzeitig habituell zu adressieren und selbstreflexive Prozesse in Gang zu setzen. Zudem kann ein Kommunikationsstil, der die (jugend-)kulturellen Eigenheiten der Zielgruppe anerkennt, deren Partizipation dadurch auch anregen. Symbolisch geht es dabei auch darum, Minoritäten (Ausländer, Jugendliche) mit einer nicht minder professionellen Gestaltung anzusprechen, wie das auch in anderen Zusammenhängen geschieht – und nicht mit kopierten Handzetteln aus der Eigenproduktion.

6. Wissen anwenden

Die Ausführungen in den Kapiteln 3 bis 5 machen Vorschläge dafür, wie die in dieser Publikation zusammengetragenen Erkenntnisse aus dem Forschungsprojekt «Migration Design» in die Praxis eingebracht und fruchtbar gemacht werden könnten. Sie zeigen aber auch, dass es keine Patentlösung dafür gibt, wie Probleme in der Kommunikation mit jugendlichen Ausländern und Secondos alleine durch die Stärkung der visuellen Kompetenz gelöst werden können. Es gibt eine Vielzahl von Personen, Institutionen und Aufgaben, die die Kommunikation mitbestimmen. Die visuelle Kommunikation ist nicht bei allen ein strategisches Schlüsselmoment. Es erfordert also ein reflektiertes Mit- und Nebeneinander unterschiedlicher thematischer, medialer und ästhetischer Arbeiten, um das Terrain für eine umfassende Partizipation zu bestellen. Das heisst aber auch, dass die Fachleute ihre dafür notwendigen Kompetenzen erweitern und sich für gegenwärtige Themen interessieren – auch wenn diese auf den ersten Blick nur partiell mit ihrer alltäglichen Arbeit zu tun haben.

Insbesondere visuelle Kompetenz kann sich dafür nicht nur auf «kaltes Wissen» stützen, das in Texten festgeschrieben ist und das man sich einmalig aneignet. Die Dynamik von Identitäts- und Identifikationsprozessen sowie die Eigenproduktivität und semantische Ambivalenz visueller Ausdrucksformen verlangen nach einer Beschäftigung mit dem visuellen Material selbst – und das immer wieder aufs Neue.

Die Bildbeiträge in der vorliegenden Publikation sind darum mehr als illustratives Beiwerk zu den Texten: Die Auslegung inhaltlicher, ästhetischer und medialer Aspekte von Identität und Migration ermöglicht es, einzutauchen in aktuelle Befindlichkeiten und Themen der Diaspora-Jugend. Sie zeigen ebenso die Verschränkung jugendkultureller Themen mit ihrem ästhetischen Ausdruck, wie sie auch die oszillierende Widersprüchlichkeit und Ambivalenz der Bedeutungen nachvollziehbar machen.

Was auf Grundlage der Text- und Bildbeiträge an Fachwissen aufgenommen und in die operative und strategische Praxis integriert wird, liegt in der Verantwortung der Institutionen und Fachleute. Wünschenswerte Voraussetzung dafür bleibt aber immer ein Interesse für Themen, Perspektiven und Arbeitsweisen, die sich nicht nur auf das eigene disziplinäre Feld beziehen, sondern dieses für ungewohnte Sichtweisen öffnen und neuen Ansätzen und Erfahrungen eine Chance geben.[7]

Bibliographie

Nationales Forschungsprogramm NFP 51 *«Integration und Ausschluss»*, Forschungsprojekt *«Lehrlingsselektion in kleinen und mittleren Betrieben – Integration und Ausschluss beim Übergang von der Schule in die Berufslehre»*, Dezember 2003 bis Februar 2007. Vgl. http://www.lehrlingsselektion.ch

Horst Niesyto, Peter Holzwarth, Björn Maurer (2007): *Interkulturelle Kommunikation und Video. Ergebnisse des EU-Projektes CHICAM «Children in Communication about Migration»*. München, kopaed.

---

7   Vgl. den Artikel «Design meets Social Work – Ein Beispiel aus der Hochschulbildung» von Anna Maria Riedi im vorliegenden Buch.

DESIGN MEETS SOCIAL WORK
EIN BEISPIEL AUS DER HOCHSCHULBILDUNG

Anna Maria Riedi

Weshalb und wozu soll sich Design mit Sozialer Arbeit treffen? Welche Fragen und Anliegen teilen sie? Welchen Austausch können sie pflegen? Welche Möglichkeiten bietet dazu Hochschulbildung?

Gemeinsam ist Design und Sozialer Arbeit zunächst ihre Orientierung am Menschen und an seinen vielfältigen Bedürfnissen. Soziale Arbeit will das Soziale gestalten – und trifft so mit dem Anspruch von Entwurf und Gestaltung auch das Wirkungsfeld von Design. Die theoretischen Grenzen von Design sind weit. Sie umfassen nicht nur Entwurf, gute Form oder Kunsthandwerk und Ähnliches, sondern auch Design-Prozesse sowie symbolische und kommunikative Funktionen und damit soziale Aspekte. Wie sich ein Zusammentreffen von Design und Social Work im Bereich von Symbolik, Kommunikation und sozialen Aspekten gestaltet, wird in diesem Beitrag an einem Beispiel aus der Hochschulbildung erörtert.

1. Soziale Arbeit und Migration

Soziale Arbeit

Krisen und Notstände gesellschaftlicher Natur wie auch alltägliche persönliche und soziale Probleme von Individuen konstituieren das Wirkungsfeld Sozialer Arbeit: «Social work [...] responds to crises and emergencies as well as to everyday personal and social problems»[1]. Die Antwort der Sozialen Arbeit lässt sich im Auftrag «das Soziale gestalten»[2] auf den Punkt bringen. Eine besondere Aktualität in der Theorie- und Professionsentwicklung Sozialer Arbeit kommt gemäss Badawia, Luckas und Müller der Migration zu: «Die Gestaltung des Interkulturellen bzw. der mit zunehmender Pluralisierung einhergehenden Transkulturalität des Sozialen gewinnt zunehmend [...] an Gewicht.»[3].

Migration

Migration meint in Bezug auf Menschen in der Regel ihre internationale Migration, also internationale Wanderung mit dauerhaftem Wohnsitzwechsel – nicht einfach längere Ferienreisen oder Ähnliches. Migration sowohl in der Form der Auswanderung wie auch der Einwanderung ist ein charakteristisches Merkmal der Geschichte der Schweiz. Aktuell ist eher Einwanderung resp. Zuwanderung[4] prägend für die medialen Debatten und wissenschaftlichen Diskurse. Beide problematisieren, skandalisieren, reflektieren und kritisieren Meinungen, Zahlen und Fakten wie auch Begrifflichkeiten rund um Migration.

Sportlich top – sozial flop?

Die Eidgenössische Kommission für Jugendfragen stellte schon 2003 hinsichtlich junger Migrantinnen und Migranten fest: «In den Medien werden zwar oft ihre sportlichen Leistungen gelobt, aber sie werden doch meist mit Gewalt, schwachen Schulleistungen und schwieriger beruflicher Eingliederung in Verbindung gebracht.»[5] Inwieweit sich diese medialen Einschätzungen aufgrund der aktuellen Einwanderungen, welche eher aus nahen EU-Staaten erfolgen, künftig verändern werden, ist offen. Zumindest zeigen aktuelle Zahlen des Bundesamtes für Statistik[6], dass im Jahr 2008 61.3% der in der Schweiz lebenden

1   IFSW International Federation of Social Workers (2005).

2   Tarek Badawia, Helga Luckas und Heinz Müller (2006), S. 9.

3   Ebd., 2006, S. 10.

4   Einwanderung und Zuwanderung werden im deutschsprachigen Europa unterschiedlich gebraucht. So kann Einwanderung für Personen mit dem Ziel der dauerhaften Niederlassung und Annahme der Staatsbürgerschaft verwendet werden, Zuwanderung hingegen für Personen mit Ziel der Wohnsitznahme ohne Annahme der Staatsbürgerschaft. Anders jedoch im Monitor Zuwanderung des Bundesamtes für Migration BFM, hier wird Einwanderung verwendet für «ausländische Staatsangehörige, die während einer bestimmten Periode in die Schweiz eingewandert sind. Die Geburten zählen nicht zur Einwanderung.» (Bundesamt für Migration BFM, 2010, S. 2).

5   Eidgenössische Kommission für Jugendfragen (2003), S. 13.

6   Vgl. Bundesamt für Statistik BFS (2010).

ausländischen Staatsangehörigen aus einem Mitgliedsland der EU27 stammten. Im Vergleich dazu dominierten in anderen europäischen Staaten Personen aus der Türkei und aussereuropäischen Ländern. Die stärkste Nationalitätengruppe in der Schweiz repräsentierten 2008 die Italienerinnen und Italiener, gefolgt von den Deutschen. Personen aus den Nachfolgestaaten Ex-Jugoslawiens (Serbien und Montenegro, Kosovo, Bosnien und Herzegowina, Mazedonien und Kroatien) machten weniger als ein Fünftel der ausländischen Wohnbevölkerung in der Schweiz aus[7]. Insgesamt lag 2008 der Anteil der ausländischen Staatsangehörigen an der Schweizerischen Wohnbevölkerung bei 22.6% (inkl. Kurzaufenthalter und Personen im Asylprozess), bei der erwerbstätigen Bevölkerung lag er bei 26.8%. In einem Asylprozess befanden sich 2.3% aller Ausländerinnen und Ausländer.

Berufslehre als wichtigste nachobligatorische Bildungsform

Bei ausländischen Jugendlichen stellt gemäss Bundesamt für Statistik[8] auch 2008 die Berufslehre die wichtigste nachobligatorische Bildungsform dar. Der Anteil an Jugendlichen aus neueren Einwanderungsländern (Nachfolgestaaten Ex-Jugoslawiens, Türkei, Portugal) in Gymnasien ist hingegen vergleichsweise tief. Entsprechend studieren nur wenige Ausländer und Ausländerinnen, die in der Schweiz zur Schule gegangen sind. Von den gut 20% ausländischen Studierenden an den Schweizer Hochschulen sind drei Viertel erst für das Studium in die Schweiz gekommen.

Menschen ohne Migrationshintergrund?

Ein sehr spezifisches, aber theoretisch interessantes Merkmal des medialen Diskurses und der wissenschaftlichen Debatten ist das Bemühen um politisch korrekte Begrifflichkeiten, wo immer es um internationale Migration geht. Nicht jede Person in der Schweiz, welche als Migrantin oder Migrant zu bezeichnen ist, ist (noch) ausländischer Staatsangehörigkeit und umgekehrt leben in der Schweiz auch ausländische Staatsangehörige, deren Migration sehr lange zurückliegt oder welche bereits in der zweiten und dritten Generation hier leben. Daher hat sich anstelle von Ausländerinnen und Ausländern auch der Begriff «Menschen mit Migrationshintergrund» breit gemacht. Zu Recht fragt aber Stadler kritisch, ab wann ein Schweizer keinen Migrations-

---

7   Nicht abgebildet sind damit aber Zahlen zu Eingebürgerten und Doppelbürger/innen der betreffenden Nationalitäten resp. Angaben zu je nach Herkunft unterschiedlichem Einbürgerungsverhalten.

8   Vgl. Bundesamt für Statistik BFS (2010).

hintergrund (mehr) habe und ob künftig in den Medien auch über Drei-Achtel-Schweizer zu berichten sei.[9]

Ethnizität, Identität und Sprache

Im Kontext von Kindheit und Jugend hat die Thematik Migration in wissenschaftlichen Debatten bereits Tradition und ist im Vergleich zum späten Lebensalter[10] vergleichsweise gut erforscht und theoretisiert. In der sozialwissenschaftlichen Literatur lassen sich häufig Beiträge zu Migration und Ethnizität[11] oder zu Migration und Identität und Sprache[12] finden. Eher marginal sind jedoch – vor allem in den Disziplinen Bildung, Erziehung und Soziale Arbeit – Beiträge zu Fragen visueller Ausdrucksformen bei Migrantinnen und Migranten[13].

2. Migration als gemeinsames Thema

Das Forschungsprojekt «Migration Design – Codes, Identitäten, Integrationen»[14] an der Zürcher Hochschule der Künste (ZHdK) fokussiert auf Fragen visueller Ausdrucksformen Jugendlicher aus den Ländern und Regionen des ehemaligen Jugoslawien. Im Kontext von Migration und transkultureller Identitätsbildung untersucht das Forschungsprojekt die Entwicklung einer eigenständigen Designpraxis als Ausdruckssprache. Die Einladung in den wissenschaftlichen Beirat dieses Forschungsprojektes habe ich gerne angenommen, weil erstens Migration ein gemeinsames Thema unserer Fachbereiche ist und weil zweitens Forschungen mit und über Jugendliche/n aus den Nachfolgestaaten Ex-Jugoslawiens ebenso ein geteiltes Interesse ist.[15]

Wissen zur Verfügung stellen

Wissenschaft hat den Auftrag, mit Theorie und Forschung der Gesellschaft Wissen zur Verfügung zu stellen. Dabei ist die Lehre – sei es Aus- oder Weiterbildung – ein zentraler Ort dieses Austausches. Der Transfer der Forschungs-

---

9   Vgl. Rainer Stadler (2009).
10 Dagegen Sylvie Kobi (2008).
11 Z.B. Thomas Geisen (2009).
12 Z.B. Cristina Allemann-Ghionda (Hrsg.) (2010).
13 Dagegen Horst Niesyto, Peter Holzwarth und Björn Maurer (2007).
14 Siehe auch http://www.ith-z.ch/forschung/migration+design/ oder http://migration-design.zhdk.ch/.
15 Vgl. Anna Maria Riedi und Katharina Haab (2007).

ergebnisse speziell auch in die Soziale Arbeit ist ein zentrales Anliegen des Forschungsprojektes «Migration Design»[16]. Es lag daher nahe, die (Zwischen-) Ergebnisse des Forschungsprojektes rasch auch in die Lehre Sozialer Arbeit einfliessen zu lassen. Der Projektleiter von «Migration Design», Christian Ritter, wurde für einen Halbtag in Lehrveranstaltungen des Masterstudiengangs in Sozialer Arbeit[17] eingeladen, um sein Forschungsprojekt vorzustellen und ausgewählte Aspekte mit den Studierenden zu bearbeiten und zu diskutieren.

Soziale Probleme und Lebensführung

Im Vertiefungsmodul «Soziale Probleme, soziale Konflikte und Lebensführung»[18] beschäftigen sich die Studierenden des Studiengangs «Master in Sozialer Arbeit» mit Fragen der Bedeutung, der Verknüpfung und der Bewältigung sozialer Probleme in der individuellen Lebensführung. Gemäss Harbach können soziale Probleme verstanden werden als «(1) natürliche und kulturelle Sachverhalte, die (2) von mächtigen Einzelpersonen, Gruppen oder Organisationen als (3) unerwünscht definiert werden, und bei denen (4) die Chance besteht, dass sie änderbar sind»[19]. Nicht alle sozialen Probleme sind per se sozialarbeitsrelevant.[20] Wo Migration zu alltäglichen persönlichen oder sozialen Problemen führt, forscht, unterstützt, fördert und berät Soziale Arbeit. Scherr weist darauf hin, dass «die für die Soziale Arbeit relevanten Aspekte sozialer Probleme bzw. sozialer Konflikte [...] historisch veränderlich und deshalb nicht definitorisch fixierbar»[21] sind. Migration als solche ist primär kein soziales Problem in einer globalisierten Welt, sondern vielmehr eine wirtschaftliche, politische und soziale Realität. Für Soziale Arbeit gilt es deshalb, die für sie relevanten Aspekte der Migration im Kontext aktueller wirtschaftlicher, politischer und sozialer Anforderungen und Verhältnisse immer wieder neu zu bestimmen.

Sensibilisierung Sozialer Arbeit für visuelle Ausdrucksformen

Visuelle Ausdrucksformen können als ein relevanter Aspekt bei Migrationsfragen gesehen werden. Ich teile die Einschätzung der Forschergruppe, wonach die Vielfältigkeit und die Wirkmöglichkeiten visueller Ausdrucksformen

---

16 Siehe http://migration-design.zhdk.ch/forschung/mission-statement.html, Punkt 6.
17 Näheres siehe http://www.masterinsozialerarbeit.ch/.
18 Siehe Karin Werner und Anna Maria Riedi (2010).
19 Heinz Harbach (2008), S. 50.
20 Z.B. Rita Sahle (2009).
21 Albert Scherr (2006), S. 135.

von Jugendlichen vermehrt in den Blick der Profession und Disziplin Sozialer Arbeit treten müssten. Die Sensibilisierung der Fachpersonen Sozialer Arbeit sowie profunde Kenntnisse hinsichtlich der Produktion und der Bedeutung visueller (nonverbaler) Codes und Ausdruckssprachen könnten Integrationsbemühungen in Theorie, Forschung und Praxis Sozialer Arbeit bereichern. Das haben zumindest auch die Reaktionen der Masterstudierenden gezeigt, welche Einblicke in das Forschungsprojekt «Migration Design» erhalten haben. Angeregt durch die interessanten Ergebnisse und die intensiven Diskussionen haben einige Studierende umgehend den Projektleiter Christian Ritter für weitere Referate und Beiträge in ihren Organisationen resp. Arbeitsfeldern eingeladen.

3. Reflektieren – Thematisieren – Kommunizieren

Der interdisziplinäre und interprofessionelle Austausch über soziale Probleme und individuelle Lebensführungsmodi – zum Beispiel junger Migrantinnen und Migranten – ist ein zentrales Anliegen des Vertiefungsmoduls im Masterstudium Soziale Arbeit. Ziel ist, den Studierenden die Forschungszugänge und Ergebnisinterpretationen aus der Disziplin Design näherzubringen und ihnen sowohl neue Anregungen in ihren eigenen Fachdiskussionen zu geben als auch Anleitungen zur Weiterentwicklung von good practice und good causes[22] in der Sozialen Arbeit bereitzustellen. Im Vordergrund der Lehrveranstaltung standen dabei die drei Themenbereiche (1) reflektierter Umgang mit visuellen Codes, (2) Einbezug visueller Verfahren in der Arbeit mit Jugendlichen und (3) Erlangen von Designkompetenz sowie reflektierte Bezugnahme auf visuelle Ausdruckssprachen der Jugendlichen.

Reflektierter Umgang mit visuellen Codes

Reflektierter Umgang mit visuellen Codes bedeutet für Fachpersonen Sozialer Arbeit auf der einen Seite, den Stellenwert visueller Codes in der individuellen Lebensführung der Jugendlichen als solchen überhaupt wahrzunehmen und deuten zu können. So können – müssen aber nicht – kunstvolles Lippenpiercing, weisse Hosen oder die zur Seite gedrehte Dächlikappe Ausdruck der Zugehörigkeit zu einer bestimmten Gruppierung sein. Sie mögen Jugendlichen

---

22 Good practice: gute (oder beste) Verfahren resp. Vorgehensweisen in der Praxis; good causes: der gute Grund resp. die gute Begründung im Sinne von: legally adequate or substantial grounds or reason to take a certain action.

durch ihre Symbolkraft Stärke und Selbstbewusstsein verleihen, wenngleich sie Erwachsenen für die konkrete Situation – z.B. Vorstellungsgespräch, Zeltlager, Freizeitkurs an der Drehmaschine etc. – wenig angepasst erscheinen.

Reflektierter Umgang bedeutet andererseits aber auch, visuelle Codes der Profession und ihrer Fachpersonen wahrzunehmen und sie zu reflektieren. In der Sozialen Arbeit kommt Visualisierungen aus naheliegenden Gründen vor allem in der Soziokultur (soziokulturellen Animation) eine besondere Bedeutung zu. Wie visuelle Codes aber durchaus auch in Settings von Berufscoachings, von Sozialberatungen oder von sozialpädagogischer Betreuung, z.B. im Heim, Thema sein können, ist in der Lehrveranstaltung von den Studierenden mit grossem Interesse aufgenommen worden.

Einbezug visueller Verfahren in die Arbeit mit Jugendlichen

Der Einbezug visueller Verfahren in der Arbeit mit Jugendlichen wird in der Praxis Sozialer Arbeit vielfach und vielfältig praktiziert. Weniger stark und erst (wieder) in Entwicklung sind visuelle Verfahren in der Forschung Sozialer Arbeit. Die Bildvergessenheit der Forschung Sozialer Arbeit wird im Rahmen von neueren historiographischen[23] sowie Kinder- und kulturellen[24] Studien denn auch zunehmend bemängelt[25]. Die textorientierte berufliche Sozialisation vieler Wissenschaffenden scheint dem zunehmend bild- und audioorientierten Welterleben von Kindern und Jugendlichen entgegenzustehen. So haben die Studierenden gewinnbringend etliche Fragen zu Prozessen der Entstehung visueller Eigenproduktionen von Kindern und Jugendlichen als auch zu deren Qualität sowie zur Interpretation und zur Deutung solcher Produktionen in der Lehrveranstaltung einbringen und mit dem Projektleiter «Migration Design» diskutieren können. Deutlich wurde auch das Potential dieser speziellen Erschliessung von Themen und Lebenswelten junger Migrantinnen und Migranten für die Soziale Arbeit.

Designkompetenz und reflektierte Bezugnahme auf die visuelle Ausdruckssprache der Jugendlichen

«Kopierten Handzetteln» und der «gestalterischen Unentschiedenheit» werden in diesem Band die Forderung entgegengehalten, dass sich auch Fachpersonen Sozialer Arbeit ein gewisses Mass an gestalterischer und ästhetischer Kompe-

---

23 Eher Bilder *über* Kinder und Jugendliche.
24 Eher Bilder *von* Kindern und Jugendlichen.
25 Siehe Elena Iarskaia-Smirnova und Pavel Romanov (2009) oder Horst Niesyto, Peter Holzwarth und Björn Maurer (2007).

tenz anzueignen hätten. Gerade für Institutionen, welche finanziert durch die öffentliche Hand arbeiten, gelte es, die Balance zwischen ästhetisch ansprechenden und finanziell vertretbaren Kommunikationsmitteln wie Flyers, Programme, Web-Sites etc. zu finden. Dies kann die Soziale Arbeit durchaus auch als Anregung für ihre Aus- und Weiterbildung entgegennehmen.

Zur Designkompetenz gesellt sich die reflektierte Bezugnahme: Fachpersonen Sozialer Arbeit sollten mit einer reflektierten Bezugnahme auf kinder- und jugendkulturelle visuelle Ausdruckssprachen reagieren können, ohne dass sie diese Ausdruckssprachen unmittelbar übernehmen. Eine reflektierte Bezugnahme auf die Ausdruckssprache Jugendlicher erlaubt es, bei der Zielgruppe sowohl Interesse und Neugier für ein Angebot zu wecken als auch Korrektive und Alternativen zur Ausdruckssprache anzubieten.

Die Lehrveranstaltung besonders bereichert hat der Zufall, dass sich unter den von der Forschergruppe exemplarisch analysierten und kritisierten Flyers auch solche befunden haben, welche von anwesenden Studierenden an früheren Arbeitsorten selber gestaltet wurden.

4. Fazit

Design und Soziale Arbeit nehmen für sich in Anspruch, dass sie sich in ihrem professionellen Handeln an Menschen und ihren Bedürfnissen orientieren. Gestalten gilt in beiden Bereichen als wesentliche, professionelle Grundintention – wenn auch mit sehr unterschiedlichen Zugängen und Methoden in der theoretischen und praktischen Umsetzung. Während bei den einen «das Soziale Gestalten» im Vordergrund steht, gilt es für die anderen eher «die alltäglichen Gegenstände resp. das Gegenständliche» zu gestalten. Design-Prozesse mit ihrer symbolischen und kommunikativen und damit sozialen Funktion sind der Ort, wo sich Design und Soziale Arbeit jedoch unweigerlich treffen.

Die Ergebnisse der Forschungsstudie «Migration Design» zeigen am Beispiel visueller Ausdruckssprachen Jugendlicher, welches Potential sich hier für Soziale Arbeit eröffnet. Der professionelle Umgang mit visuellen Sprach-Codes, der Einbezug visueller Verfahren in verschiedene Arbeitsbereiche Sozialer Arbeit sowie die Anforderungen an Designkompetenz und reflektierte Bezugnahme auf visuelle Ausdrucksformen spezifischer Zielgruppen können als herausfordernde Anregungen – nicht nur für die Arbeit mit Kindern und Jugendlichen – entgegengenommen werden. Die Hochschullehre bietet sich als geeigneter Ort für den Transfer derartiger Forschungsergebnisse an. Sie bietet die Möglichkeit, sowohl Forschungsergebnisse selber als auch die herrschende Praxis Sozialer Arbeit kritisch zu befragen, immer wieder das Mögliche im Gegebenen zu suchen sowie sich für eigene Forschungs- oder Entwicklungsarbeiten anregen zu lassen. Wenn es dabei gelingt, die wissenschaftliche Zusammenarbeit und den fachlichen Austausch zwischen Design und Sozialer Arbeit zu stärken, ist dies ein Gewinn für beide Seiten.

Bibliographie

Cristina Allemann-Ghionda (Hrsg.) (2010): *Migration, Identität, Sprache und Bildungserfolg.* Weinheim, Beltz.

Tarek Badawia, Helga Luckas und Heinz Müller (2006): *Das Soziale gestalten: Über Mögliches und Unmögliches der Sozialpädagogik und Sozialarbeit.* In: Tarek Badawia; Helga Luckas und Heinz Müller (Hrsg.), *Das Soziale gestalten. Über Mögliches und Unmögliches der Sozialpädagogik.* Wiesbaden, VS Verlag für Sozialwissenschaften, S. 9–16.

Bundesamt für Migration BFM (2010): *Monitor Zuwanderung. Ausgewählte Entwicklungen und Trends in den Bereichen Zuwanderung und Einbürgerung.* Stand 28. Februar 2010. Gefunden am 21.05.2010, unter: http://www.bfm.admin.ch/etc/medialib/data/migration/statistik/auslaenderstatistik/monitor.Par.0003.File.tmp/monitor-zuwanderung-2010-02-d.pdf.

Bundesamt für Statistik BFS (2010): *Migration und Integration – Analysen. Die ausländische Bevölkerung in der Schweiz.* Gefunden am 21.05.2010, unter: http://www.bfs.admin.ch/bfs/portal/de/index/themen/01/07/blank/dos/la_population_etrangere/intro.html.

Eidgenössische Kommission für Jugendfragen (2003): *Stärken wahrnehmen – Stärken nutzen. Perspektiven für eine kinder- und jugendgerechte Integrationspolitik.* Bern.

Thomas Geisen (2009): *Migration und Ethnizität. Zur Ambivalenz kultureller Grenzen.* In: Karin Elinor Sauer und Josef Held (Hrsg.), *Wege der Integration in heterogene Gesellschaften.* Wiesbaden, VS Verlag, S. 243–259.

Heinz Harbach (2008): *Eine Soziologie der Ungerechtigkeit.* In: Axel Groenemeyer und Silvia Wieseler (Hrsg.), *Soziologie sozialer Probleme und sozialer Kontrolle.* Wiesbaden, VS Verlag für Sozialwissenschaften, S. 48–69.

Elena Iarskaia-Smirnova und Pavel Romanov (2009): *Visual Case Study in the History of Russian Child Welfare.* In: Schweizerische Zeitschrift für Soziale Arbeit. *Historiographische Zugänge zur Sozialen Arbeit,* Heft 6/7, S. 29–50.

IFSW International Federation of Social Workers (2005): *Definition of Social Work, adopted by the IFSW General Meeting in Montréal, Canada, July 2000.* Gefunden am 23.01.2009, unter: http://www.ifsw.org/en/p38000208.html

Sylvie Kobi (2008): *Unterstützungsbedarf älterer Migrantinnen und Migranten. Eine theoretische und empirische Untersuchung.* Bern, Peter Lang.

Horst Niesyto, Peter Holzwarth und Björn Maurer (2007): *Interkulturelle Kommunikation mit Foto und Video. Ergebnis des EU-Projektes CHICAM (Children in Communication about Migration).* München, kopaed Medienpädagogische Praxisforschung.

Anna Maria Riedi und Katharina Haab (2007): *Jugendliche aus dem Balkan. Migration und Integration als Herausforderung für die Jugendhilfe.* Zürich/Chur, Verlag Rüegger.

Rita Sahle (2009): *Überlegungen zur Gegenstandsbestimmung Sozialer Arbeit. Positions-bestimmung zur Sozialarbeitswissenschaft der Deutschen Gesellschaft für Soziale Arbeit (DGS)*. Gefunden am 08.10.2009, unter: http://www.deutsche-gesellschaft-fuer-sozialar-beit.de/sozarbwi_b.shtml#Gegenstand.

Albert Scherr (2006): *Soziale Arbeit und die Ambivalenz sozialer Ordnungen*. In: Tarek Badawia; Helga Luckas und Heinz Müller (Hrsg.), *Das Soziale gestalten. Über Mögliches und Unmög-liches der Sozialpädagogik*. Wiesbaden, VS Verlag für Sozialwissenschaften, S. 135 – 148.

Rainer Stadler (2009): *Schweizer ohne Migrationshintergrund. Wie Informationen zur Farce werden*. In: Neue Zürcher Zeitung, Nr. 66 vom 20.03. 2009, S. 17.

Karin Werner und Anna Maria Riedi (2010): *«Vielleicht muss ich das Piercing rausnehmen und schöner schreiben …» Perspektiven auf soziale Probleme und Lebensführung*. In: Petra Benz Bartoletta, Marcel Meier Kressig, Anna Maria Riedi und Michael Zwilling (Hrsg.), *Soziale Arbeit in der Schweiz. Einblicke in Disziplin, Profession und Hochschule*. Bern, Haupt.

MEIN HAUS,
MEIN BLOCK,
MEIN STYLE

Zusammengestellt von Christian Ritter

Photographien: Teilnehmende des Forschungsprojekts

Kleider, Zimmer, Polstergruppe. Jugendliche aus zürcherischen Berufs-
integrationsklassen haben für das Forschungsprojekt sich selbst, ihre
Outfits und ihre Wohnsituation photographiert – mit einer einfachen Ein-
wegkamera. Die folgende Zusammenstellung zeigt eine Auswahl der
dabei entstandenen Bilder. Die Autoren sind junge Frauen und Männer
von unterschiedlicher Nationalität, sozialer Herkunft und jugendkultureller Orientierung.

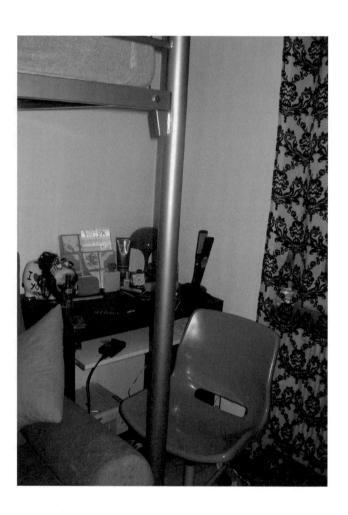

GLOSSAR

Basil Rogger

Ursprünglich ein Regelsystem zur Ver- und Entschlüsselung von Sprachbotschaften, wird der Begriff **Code** heute im weitesten Sinne als Synonym für Sprach- oder Zeichensysteme verwendet. Wer den Code nicht kennt, kann die Botschaft nicht entschlüsseln. D.h., dass Codierung auch ein klassisches Werkzeug zur Durchsetzung von Ein- und Ausschlussmechanismen ist. Das gilt auch und insbesondere für die zahlreichen und fein verästelten Zeichensysteme von jugendlichen Sub- und Gegenkulturen, die sich oft überlagern und durchaus auch widersprechen können. Fast alles kann mit codierten Informationen belegt sein: Kleider und Mode, Musik und Filme, Videos und Games, Drogen- und Alkoholkonsum, Marken und Labels, Frisuren und Make-Up, aber auch Sportarten, Orte oder Essen. Angesichts der oft auf verschiedenen Ebenen mehrfach codierten Zeichensysteme der zahllosen Jugendkulturen kann das Decodieren zu einer echten Herausforderung werden.

Design ist ein komplexer, oft langwieriger Integrationsprozess von Funktion, Ästhetik, Nutzerorientierung, Herstellungslogik, Ökologie und symbolischer Botschaft, an dessen Ende im Idealfall ein Produkt, eine Dienstleistung oder ein Konzept steht. Design ist eine Methode der Problemlösung, nicht der Ästhetisierung. Im Verlauf der historischen Entwicklung hat sich der Designbegriff ausgeweitet von der «Anleitung zur kunsthandwerklich hochstehenden Ausgestaltung eines Gebrauchsgegenstandes» hin zu einem umfassenden Gestaltungsbegriff, der weit über die reale, objekthafte Welt hinausreicht und auch symbolische, ethische oder identitätsstiftende Dimensionen beinhaltet, und der neben handwerklich-technischen auch konzeptionelle und theoretische Fähigkeiten erfordert. Vgl. Rolf Fehlbaum und Cornel Windlin (2009): *Projekt Vitra*. Basel, Birkhäuser.

Diaspora bezeichnet die (Über-)Lebenssituation als religiöse, ethnische oder kulturelle Gemeinschaft fern der eigenen geographischen Herkunft und in der Regel unter Andersdenkenden. Ursprünglich bezeichnete der Begriff die territorial abgeschlossenen Siedlungen der Juden nach dem Untergang des Reiches Juda, später wurde er zunehmend auch auf nichtjüdische religiöse Minderheiten angewendet. Heute hat sich das Konzept der Diaspora weitgehend von seiner religiösen Herkunft gelöst und erlaubt, den Begriff der kulturellen Identität in einer globalisierten Gesellschaft jenseits von nationalen oder ethnischen Zuschreibungen zu denken.
Vgl. Ruth Mayer (2005): *Diaspora. Eine kritische Begriffsbestimmung*. Bielefeld, transcript.

Unter **Ethnisierung** versteht man die Zuschreibung von Eigenschaften (Charakter, sozialer Status, Bildung, kulturelle und soziale Eigenschaften etc.) auf bestimmte Personen oder Personengruppen aufgrund ihrer ethnischen Herkunft. Diese fremdbestimmten Zuschreibungen sind oft unscharf, meist diskriminierend und werden heute als Angstreflexe auf die als bedroht empfundene und gefährdete eigene Identität verstanden. **Re-Ethnisierung** wiederum bezeichnet das Verhalten von Gemeinschaften, die sich derartige von aussen zugeschriebene Eigenschaften in ironischer, ernster oder auch strategischer Absicht selbst zuschreiben und sich dadurch eher in der Rolle einer solidarischen Gemeinschaft in der Diaspora verstehen denn als eine aufgrund ihrer ethnischen Herkunft definierte Gemeinschaft.

Als **Generation Web 2.0** wird diejenige Altersgruppe von Jugendlichen bezeichnet, deren Mediensozialisation wesentlich durch das Web 2.0 und dessen Besonderheiten geprägt worden ist, also die ab ca. 1995 Geborenen. Unter dem von Tim O'Reilly im Jahr 2005 populär gemachten Begriff Web 2.0 werden Online-Angebote zusammengefasst, in denen die in den alten Medien übliche Trennung von Produzent und Konsument, von Journalist und Leser, aufgehoben wird und die sich genuin als Plattformen verstehen. Der sogenannte «Prosument» ist in entscheidendem Masse an der Erarbeitung und Weiterentwicklung von Inhalten und Angeboten auf diesen Plattformen beteiligt. Prominente Web 2.0-Sites sind Wikipedia, Facebook, MySpace oder Netlog. Ob sich das Web 2.0 als Basis für neue Geschäftsmodelle nutzen lässt, ist umstritten. Klar ist hingegen, dass es insbesondere auf den Social Network Sites die Formen der Repräsentation und Inszenierung von Identität nachhaltig verändert hat – sowohl durch den neu erschlossenen virtuellen Raum als auch durch die Möglichkeit, selbst aktiv an der Repräsentation der eigenen Identität zu arbeiten und sie so weiterzuentwickeln.

Der Genetik stammende Begriff der **Hybridität**, mit dem bei Pflanzen oder Tieren die Vermischung von zwei Arten oder Unterarten

bezeichnet wird, kommt heute in der Gesellschafts- und Kulturwissenschaft überall dort zur Anwendung, wo es darum geht, Vermischungsformen unterschiedlicher Herkunftskulturen zu bezeichnen und zu reflektieren, ohne in einen hierarchisch orientierten Diskurs zu verfallen: etwa in der Soziolinguistik, wo aus unterschiedlichen Ursprungssprachen entstandene Mischformen (das Kreolische etc.) als hybride Sprachen bezeichnet werden, in der Sozialwissenschaft oder in der politischen Philosophie, wo in erster Linie das Konzept des «Third Space» des Literaturtheoretikers Homi K. Bhabha wirksam geworden ist. Immer geht es darum, die sich möglicherweise widersprechenden Anforderungen einer Herkunftskultur und einer wie auch immer gearteten sozialen Realität miteinander abzugleichen und ein neues Ganzes daraus zu konstruieren.
Vgl. Elisabeth Bronfen, Benjamin Marius und Therese Steffen (Hrsg.) (1997): *Hybride Kulturen. Beiträge zur anglo-amerikanischen Multikulturalismusdebatte.* Tübingen, Stauffenburg.

Nicht erst seit der Postmoderne, aber seither verstärkt, wird die Brüchigkeit des Subjektgedankens, und damit verbunden diejenige des Gedankens der **Identität**, breit akzeptiert. Dazu beigetragen haben seit Mitte des 20. Jahrhunderts die Ergebnisse aus Ethnologie, Psychoanalyse und Kulturwissenschaften. Hinzu kamen die Beiträge der Cultural Studies (Identität konstituiert sich entlang der Kategorien Race – Class – Gender in kultur-/ subkulturspezifischen Zusammenhängen), der Geschlechterforschung (biologisches vs. soziales Geschlecht als identitätsstiftende Dimension) und die durch die Virtualisierung ausgelösten Debatten (der Cyberspace erlaubt es, die angeborene und anerzogene «Identität» zu verlassen, zu erweitern, zu überschreiten, zu verändern). Identität ist also brüchig, zersplittert und nichts Vorgegebenes, das man «finden» kann. Aufgrund von Vorgaben, die wir nicht selbst bestimmen können (genetische Ausstattung, Familie, Geburtsort und -zeit, Rassen-, Klassen- und Geschlechtszugehörigkeit) oder die wir nicht kennen (Unbewusstes), müssen wir in einem Prozess, der zwischen Selbstreflexion und dem Austarieren von sozialen Zuschreibungen hin- und herschwankt, während unseres ganzen Lebens unsere politischen, sexuellen, sozialen, nationalen, virtuellen, religiösen etc. Identitäten aushandeln, anpassen, weiterentwickeln, aufeinander abstimmen. Die Institutionen, Gruppen, Individuen, Theorieangebote etc., die uns für diesen Prozess zur Verfügung stehen und mit denen wir interagieren müssen, werden immer zahlreicher und unüberblickbarer. Und in diesem ganzen Wust müssen wir noch darauf bedacht sein, unsere Identität möglichst individuell zu kreieren, im besten Falle als Brand, als Marke zu führen.

Mit dem Begriff der **Integration** wurden bis in die 1990er Jahre die Bestrebungen bezeichnet, mit denen versucht wurde, migrantische Minderheiten und aufnehmende Mehrheitsgesellschaften in ein Verhältnis zu setzen. Dabei wurde stets davon ausgegangen, dass die einwandernde Minderheit sich der in ihrem Immigrationsland aufgefundenen Mehrheitsgesellschaft anpassen müsse, z.B. in sprachlicher, kultureller, sozialer, aber auch in religiöser Hinsicht. Insbesondere das offene Zurschaustellen der eigenen religiösen Identität gab mit schöner Regelmässigkeit Anlass zu Debatten über vermeintliche «Nichtintegration». Die heutige soziale Realität präsentiert sich aber vielmehr als ein Koexistieren von verschiedenen, aus unterschiedlichen Herkünften gespeisten Teilgesellschaften, die sich in ein Verhältnis setzen müssen, um auf konstruktive Art mit ihrer Heterogenität umgehen zu können.
Vgl. Mark Terkessidis (2010): *Interkultur*. Frankfurt am Main, Suhrkamp.

Jugendforschung ist eng mit der Wahrnehmung von Jugend als eigene Lebensphase verbunden und profilierte sich erstmals in den 1920er Jahren mit qualitativen Untersuchungen von Tagebüchern, Briefen und Bekenntnissen in der Jugendpsychologie. In der Nachkriegszeit dominierten quantitativ angelegte Panoramastudien und Generationenbilder und zeugten vom wachsenden Einfluss der Jugendsoziologie. Damit wird «Jugend» erstmals zur Trägerin kulturellen und sozialen Wandels. Mitte der 1970er Jahre wurde von der pädagogisch orientierten Jugendforschung Kritik an quantitativen Forschungsansätzen geäussert. Qualitative Methoden wie teilnehmende Beobachtung, biographische Analysen und Fallstudien ermöglichten eine komplexere Beschreibung jugendlicher Lebenswelten und rückten die eigene, subjektiv gefärbte Wahrnehmung ihres Lebensalltages in den Vordergrund. Am Sozialraum bzw. ökologisch orientierte Lebensweltanalysen wiederum verbinden seit den 1980er Jahren quantitative Rahmendaten zur Sozial- und Siedlungsstatistik mit ethnographischen Beschreibungen von Wohnbedingungen und Szenen. Ebenfalls seit den 1980er Jahren befassen sich theoretische Perspektiven vor allem mit dem Alltagshandeln, den Freizeitstilen und Subkulturen von Jugendlichen. Sie gehen mit einer «kulturalistischen Wende» einher, die von eher gesellschafts- zu kulturtheoretischen Ansätzen geführt hat. Seit 1990 sind Themen wie Individualisierung, Pluralisierung, Identitätskonflikte, Einwanderungsgesellschaft, Jugend-Gewalt-Diskurs, Armut, berufliche Integration aktuell geworden.
Vgl. Heinz-Hermann Krüger (Hrsg.): *Handbuch Jugendforschung*. Opladen, Leske + Budrich.

«**Kultur** kann in ihrem weitesten Sinne als die Gesamtheit der einzigartigen geistigen, materiellen, intellektuellen und emotionalen Aspekte angesehen werden, die eine Gesellschaft oder eine soziale Gruppe kennzeichnen. Dies schliesst nicht nur Kunst und Literatur ein, sondern auch Lebensformen, die Grundrechte des Menschen, Wertsysteme, Traditionen und Glaubensrichtungen.» Diese von der UNESCO-Weltkonferenz über Kulturpolitik 1982 in Mexiko-Stadt festgelegte Definition eines weitgefassten Kulturbegriffes ist heute weitgehend akzeptiert. Ihre Stärke und zugleich ihre Schwäche ist die Breite des darin zugrunde gelegten Kulturbegriffes, die es einerseits erlaubt, auch soziale, religiöse oder lebensweltliche Ausprägungen unter dem Begriff Kultur zu bündeln, andererseits ist dieser Kulturbegriff derart weit gefasst, dass fast nichts mehr als nicht zur Kultur gehörig verstanden werden kann. Zentral ist, dass in diesem Verständnis Kultur als Prozess und als Produkt angesehen wird, also im Alltag gelebt und hergestellt wird, dass Kultur nicht etwas Angeborenes ist, sondern das Resultat eines komplexen Prozesses aus Sozialisation, individueller Eigenleistung und Aneignung.

In einem engeren Sinne wird **Migration** verstanden als letztlich unfreiwillige Abwanderungsbewegung einer grösseren Bevölkerungsgruppe einer bestimmten geographischen, religiösen oder ethnischen Herkunft aus Gründen wie Armut, Hunger, Arbeitslosigkeit, Ausgrenzung, Verfolgung, politische Entrechtung oder einer Mischung davon. In einem weiteren Sinne umfasst Migration alle Wanderungsbewegungen von Menschen, also auch freiwillige dauerhafte Auswanderung oder temporär beschränkte Wanderungen auf freiwilliger (Arbeit, Tourismus) oder unfreiwilliger (Naturkatastrophen, Kriege) Basis. Kulturgeschichtlich betrachtet sind Migranten gegenüber dauerhaft Sesshaften zwar in der Minderzahl, grundsätzlich ist aber Migration die Regel und nicht die Ausnahme. Migration ist eine wichtige Voraussetzung dafür, dass unterschiedliche religiöse, soziale, politische oder künstlerische Praktiken miteinander in Kontakt kommen und dass sich Kultur überhaupt entwickeln und weiterentwickeln kann.

Multikulturalität/Interkulturalität/Transkulturalität: Seit es Migration gibt, werden Diskussionen über das Verhältnis der minoritären zugewanderten Kultur zur ansässigen Mehrheitskultur geführt, insbesondere über zu erbringende Anpassungsleistungen der einwandernden Gemeinschaften hinsichtlich Religion, kulturellen Praktiken, Partizipation in Bildungssystemen etc. Momentan lassen sich vier Ansätze unterscheiden, die sich historisch entwickelt haben: Die *Theorien der kulturellen Assimilation* gehen davon aus, dass eine zuwandernde Gemeinschaft sich bedingungslos integriere, ja integrieren müsse, was bis zur Auflösung der ursprünglichen kulturellen Identität führe. Die *Theorien der kulturellen Integration* postulieren eine partielle Anpassung von Identitätsmerkmalen der zuwandernden Gemeinschaften, ohne dass deren ursprüngliche kulturelle Identität vollkommen verloren gehe. Die *Theorien des Multikulturalismus* wiederum gehen davon aus, dass es notwendig und für die Mehrheitsgesellschaft gewinnbringend sei, wenn grosse Anteile der «ursprünglichen» kulturellen Identität der zuwandernden Gemeinschaft beibehalten werden. Die *Ansätze der Hybridität, der Kreolisierung und des Transnationalismus* wiederum postulieren, dass die Herstellung von Identität ein komplexer und dynamischer Prozess sei, der ohne die Begegnung verschiedener Herkunftskulturen (hinsichtlich Ethnie, Gender, sozialer oder geographischer Herkunft etc.) gar nicht möglich sei, dass also Kultur an sich hybrid und das Resultat eines Aushandlungs- und Konstruktionsprozesses sei. Die Komplexität und Dynamik der Identitätskonstruktion und ihrer sozialen Bedingungen stehen bei diesen Ansätzen im Vordergrund.

Posing ist eine Form der körperlichen Selbstdarstellung mit der Absicht, eine Vorlage nachzustellen. Das Nachstellen von historischen und aktuellen Vorbildern ist in den Bildern von Videoclips, Magazinen oder in Sozialen Netzwerken des Internet allgegenwärtig: Jugendliche «posen» genauso wie Politiker, Fotomodelle oder Stars. Eine Pose kann spielerisch und unbedacht eingenommen werden (z.B. beim Entwerfen und Erproben von Identitäten auf Handybildern), aber auch Teil der strategischen Imagebildung sein (Impression Management). Die Posen werden dabei mehr (explizit) oder weniger (implizit) bewusst an den Bildtraditionen und dem Fundus der Kunst- und Photographiegeschichte und der (medialen) Alltagkultur ausgerichtet. Wenn auch nicht immer auf den ersten Blick erkennbar, sind diese Vorbilder doch immer vorhanden und machen es erst möglich, eine bestimmte Pose als solche zu erkennen – z.B. als Teil einer jugendkulturellen Ausdruckssprache, als Siegerpose etc. Historisch ist die Pose verbunden mit der Tradition der «Tableaux vivants» (lebende Bilder), einer ab dem 18. Jahrhundert populär gewordenen Kunstform zwischen Theater und Bild, Bewegung und Stille, Vergangenheit und Vergegenwärtigung: «Tableaux vivants» interpretieren und inszenieren die klassischen Werke der Kunstgeschichte durch körperliche Darstellungen. Seit dem 19. Jahrhundert ließen sich Bürger und Künstler in den prominenten Posen und Requisiten der Meisterwerke der Kunstgeschichte photographieren. In den Künsten hat sich seit dem 20. Jahrhundert das Spiel mit Pose und Körper als Form der kritischen Auseinandersetzung mit Körperlichkeit, Geschlecht oder Identität entwickelt.
Vgl. Sabine Folie, Michael Glasmeier, Gerald Matt (Hrsg.) (2002): *Tableaux Vivants. Lebende Bilder und Attitüden in Fotografie, Film und Video.* Wien, Kunsthalle Wien.

In der Soziologie taucht der Begriff **Soziale Netzwerke** erstmals im Umfeld der Chicago School auf und dient zur Beschreibung jeglicher sozialen Interaktion in einer Gemeinschaft. Im Internet steht der Begriff für Netzgemeinschaften, die ihren Benutzern in der Regel ein Benutzerprofil (mit Text-, Bild-, Ton- und Filminhalten), Kommunikationsmöglichkeiten wie Mail, Chat, MSN, Adressverzeichnisse, Blogs oder Veranstaltungsverzeichnisse zur Verfügung stellen. Diese Sozialen Netzwerke zeichnen sich dadurch aus, dass ihre Benutzer zugleich Konsumenten als auch Produzenten des Inhalts sind und dass sie der virtuellen Selbstdarstellung im Internet neue Möglichkeiten und Räume eröffnet haben, die vor allem auch von Angehörigen der Generation Web 2.0 rege genutzt werden.

Sozialer Kontext meint in einem allgemeinen Sinne Faktoren sozialer Umwelt wie die ökonomischen Voraussetzungen und das Milieu der Eltern, die Wohn- und Schulumgebung, aber auch Erziehungsvorstellungen, Werte und Normen in der Familie, in der Schule und der Peer-Group. In einem engeren Sinne kann damit der sozialräumliche Kontext einer Handlungssituation gemeint sein – z.B. wenn Jugendliche sich in einem öffentlichen Raum aufhalten, der als Erwachsenenraum gilt, und dort als störend wahrgenommen werden. Der Wandel von Lebensformen, die Globalisierung sowie Kommerzialisierung und Mediatisierung des Alltags hat zu Veränderungen der Kontextbedingungen geführt. Die Erfahrungswelten von Kindern und Jugendlichen sind heute vielfältiger geworden. Umwelt oder sozialer Kontext zeichnet sich heute dadurch aus, dass Jugendliche zwischen verschiedenen sozialen und kulturellen Kontexten Zusammenhänge bzw. subjektive Syntheseleistungen herstellen müssen. In konkreten Situationen müssen sie diese Zusammenhänge abrufen können – z.B. kann eine Diskussion über Musikvorlieben zu Hause, im Herkunftsland, in der Schule, in kommerziellen Medien sowie im Web 2.0 unterschiedlich bewertet werden und unter Jugendlichen Streit oder den Ausschluss aus einer Peer-Group zur Folge haben. Solche Ressourcen sind daher entscheidend für die Bewältigung von Entwicklungsaufgaben bzw. den Aufbau der eigenen Identität und die Gruppenzugehörigkeit. Da sozialer Kontext gerade heute nicht im Sinne eines räumlich abgeschlossenen Sozialraums verstanden werden darf, spricht man eher von verschiedenen Faktoren und Erfahrungszusammenhängen, die den Alltag der heutigen Jugendlichen beeinflussen, oder auch von (Poly-)Kontextualität. Vgl. Christian Reutlinger (2003): *Jugend, Stadt und Raum. Sozialgeographische Grundlagen einer Sozialpädagogik des Jugendalters.* Opladen, Leske + Budrich.

Style bezeichnet die Mischung aus Kleidung und Accessoires, Musik- und Mediengeschmack, Pose und Verhalten, mit der Jugendliche ihre Zugehörigkeiten zu Kulturen und Subkulturen besonders gekonnt sichtbar machen dadurch ihren Status sichern. Wer «den Style hat», gehört dazu: Style ist nicht nur ein Werkzeug zur Ausbildung der eigenen Identität, Style dient auch der Abgrenzung zur Erwachsenenwelt oder zu anderen Jugendkulturen. Und Style kann auch dazu dienen, innerhalb der eigenen Subkultur neue Gesetze des Ein- und Ausschlusses jenseits von Ethnie, Klasse oder Gender zu etablieren. Vgl. John Clarke (1976): *Style.* In: Stuart Hall und Tony Jefferson (Hrsg.): *Resistance Through Rituals. Youth Subcultures in Postwar Britain.* London, Hutchinson. S. 175–191.

Das Konzept der **Visuellen Kultur** geht davon aus, dass die visuelle Wirklichkeit ein kulturelles Konstrukt ist – und als solches auch lesbar und interpretierbar. Für eine wissenschaftliche Beschäftigung mit Kultur ist diese Konstruktion denn auch von gleichem Interesse wie traditionelle verbale und textuelle Quellen und Produktionen. Dabei geht es zum Beispiel um Fragen der Darstellung und Repräsentation, aber auch nach den sozialen, kulturellen und technischen Bedingungen der Produktion und Rezeption von Visualität. Untersuchungen zur Visuellen Kultur haben dabei nicht nur visuelle Medien wie Fernsehen, Kino, Photographie oder das Internet zum Gegenstand, sondern auch Körper, Gesten, Kleidung, Architektur, Landschaft, Themenparks, Shopping-Malls etc. W.J.T. Mitchell folgend geht es dabei immer auch um die Spannungen zwischen den Begriffen der Visuellen Kultur: Ein herkömmlicher Begriff von visueller Erfahrung kann und soll nicht einfach auf einen herkömmlichen Begriff von Kultur aufgepfropft werden. Vielmehr muss man die nicht-visuellen Teile der Kultur ebenso in Rechnung stellen wie die ausserkulturellen Teile des Visuellen. Die Beschäftigung mit Visueller Kultur ist aber auch eine politische Aufgabe: Zum Beispiel in der kritischen Auseinandersetzung mit massenmedialen Bildern und den in ihnen angelegten Verhaltensregeln, Blicklenkungen und Stereotypen oder mit den «techno-bürokratischen Prozeduren» (Tom Holert), mit denen das Visuelle zur Konstruktion, Identifikation und Kontrolle von Subjekten beiträgt – von biometrischen Pässen bis zur Produktion von Persönlichkeit im Reality TV, auf Facebook oder Netlog. Vgl. W.J.T. Mitchell (2008): *Was ist Visuelle Kultur?* In: ders.: *Bildtheorie.* Frankfurt am Main, Suhrkamp.

PARTNERVERZEICHNIS

Forschungsinstitute

Das **Institut für Theorie ith** ist ein Forschungsinstitut der **Zürcher Hochschule der Künste ZHdK**. Das ith wurde 1999 gegründet mit dem Zweck, die Theoriebildung im Kontext von Gestaltung und Kunst und allgemein als Theorie der Ästhetik und Kultur zu entwickeln. Das Institut betreibt Grundlagenforschung sowie angewandte Forschung in den Bereichen der ästhetischen Theorie, der Alltags-, Medien-, Bild- und Sinneskultur. Die Arbeit ist transdisziplinär und transkulturell orientiert. Das Institut organisiert regelmässig öffentliche Veranstaltungen und publiziert ein Institutsmagazin (31) sowie eine Buchreihe (T:G). Ein spezielles Gewicht wird auf die Entwicklung und Erprobung unterschiedlicher Theorieformate und Verfahren der Forschung gelegt (verschiedene Medien, Schauplätze, Performativitäten). Die breite internationale Vernetzung ist ein wichtiger Bestandteil der Arbeit des ith, ebenso der Transfer aktueller Forschungs- und Theoriearbeit in die Lehre (Master of Arts in Fine Arts). Aktuell arbeitet das ith ausserdem an der Entwicklung von Ph.D- und Doktoranden-Programmen.
www.ith-z.ch

Das **Institut für Populäre Kulturen IPK, Universität Zürich,** verfolgt das Ziel, kulturelle Dimensionen lebensweltlicher Daseinsgestaltung und im Alltag präsenter Literaturen und tung und im Alltag präsenter Literaturen und Medien zu untersuchen. Das interdisziplinär ausgerichtete Fach ist am Schnittpunkt von Geistes- und Sozialwissenschaften angesiedelt. Es stützt sich auf deren Theorien und arbeitet vorwiegend mit qualitativen Methoden. Das Forschungsinteresse gilt populären Kulturen der Gegenwart und Vergangenheit. Im Mittelpunkt steht die Analyse von kulturellen Alltäglichkeiten und Selbstverständlichkeiten sowie von populären Texten und Text-Bild-Kombinationen in unterschiedlichen medialen Formen. Das Institut für Populäre Kulturen bietet einen Bachelor-, einen Master- und einen Lizentiats-Studiengang an und wird mit einem Bachelor of Arts (BA) bzw. Master of Arts (MA) in Sozialwissenschaften abgeschlossen.
www.ipk.uzh.ch

Wissenschaftlicher Netzwerkpartner

An der **ZHAW Zürcher Hochschule für Angewandte Wissenschaften** sind seit Herbst 2009 über 8000 Studierende in insgesamt 25 Bachelorstudiengängen und acht konsekutiven Masterstudiengängen immatrikuliert. Die Hochschule bietet aber auch ein grosses Weiterbildungsangebot an, u.a. 33 Weiterbildungs-Masterstudiengänge. Rund 30 Institute und Zentren der ZHAW bearbeiten vernetzt Forschungs-, Dienstleistungs- und Beratungsaufträge mit externen Partnern aus Industrie,

Wirtschaft und Verwaltung. Das **Departement Soziale Arbeit** der ZHAW bietet einen generalistischen Bachelorstudiengang und einen Masterstudiengang in Sozialer Arbeit und zahlreiche qualifizierende Weiterbildungen auf dem Gebiet der Sozialen Arbeit an. Mit praxisorientierter Bildung, Forschung und Dienstleistung leistet das Departement einen Beitrag zur Weiterentwicklung des Wissens und Könnens von Fachpersonen Sozialer Arbeit, zur Optimierung der interdisziplinären Zusammenarbeit und zur Verbesserung der in der Sozialen Arbeit erbrachten Dienstleistungen. *www.zhaw.ch/de/sozialearbeit.html*

Projektförderung

Die **Förderagentur für Innovation KTI** ist eine Institution des Bundes. Sie fördert den Wissens- und Technologietransfer zwischen Unternehmen und Hochschulen. Sie verknüpft Partner aus beiden Bereichen in Projekten angewandter Forschung und Entwicklung und unterstützt den Aufbau von Startup-Unternehmen. Die F&E-Projektförderung steht allen Disziplinen wissenschaftsbasierter Innovationen offen. Ausschlaggebend für die Förderung sind der innovative Gehalt und die Aussicht auf eine erfolgreiche Umsetzung im Markt. Die KTI fördert Forschungsprojekte, die stets mindestens mit einem Umsetzungspartner – Unternehmen, die öffentliche Hand, Nonprofitorganisationen – und einem Forschungspartner aus einer ETH, einer Universität oder einer Fachhochschule gemeinsam durchgeführt werden. *www.kti-cti.ch*

Die in Zürich ansässige **Jacobs Foundation** wurde 1988 von dem Unternehmer Klaus J. Jacobs als privatrechtliche Stiftung gegründet. Sie widmet sich seither dem Themenfeld «Productive Youth Development» (PYD) und

verfügt heute über jahrzehntelange Erfahrung in der Förderung von Wissenschaft und von konkreten Interventionsprogrammen und deren Umsetzung im Bereich der Kinder- und Jugendentwicklung. Unter «Productive Youth Development» versteht die Stiftung eine Konzeption von Kinder- und Jugendentwicklung, die die positiven Entwicklungsmöglichkeiten von Kindern und Jugendlichen betont. Die Stiftung ist in ihren Methoden und Ansätzen in besonderem Masse der wissenschaftlichen Exzellenz und Evidenzbasiertheit verpflichtet. Mit ihrer Investition von 200 Millionen Euro in die Jacobs University Bremen (2006) setzte sie neue Massstäbe im Bereich der privaten Förderung. *www.jacobsfoundation.org*

Lotteriefonds Kanton Solothurn

Das Forschungsprojekt wird unterstützt vom Lotteriefonds des Kantons Solothurn. *www.sokultur.ch*

Projektpartner

Infoklick – Kinder- und Jugendförderung Schweiz (Hauptprojektpartner) ist die direkte, unkomplizierte und kompetente Antwort auf alle Fragen von Kindern und Jugendlichen, die etwas bewegen möchten und für die Verwirklichung ihrer Ideen Unterstützung brauchen. Der Verein für Kinder- und Jugendförderung bietet leicht verständliche Informationen und konkrete Hilfestellungen für sämtliche Lebensbereiche von Kindern und Jugendlichen und deren Bezugspersonen. Eine Dienstleistung, die jährlich über 30 000 Menschen beanspruchen. Infoklick. ch entwickelte sich in den vergangenen Jahren auch immer mehr zum Synonym für kreative und innovative Partizipationsprojekte im Kinder- und Jugendbereich. Ob als Kooperationspartner, Mandatsträger oder in

eigener Initiative: Alle Aktivitäten des Vereins sind derselben Philosophie verpflichtet: Kinder und Jugendliche, unabhängig von ihrer Herkunft, Bildung und Konfession, ernst zu nehmen, ihrem Anliegen Gehör zu verleihen, sie zu fördern, ihre eigenen Ressourcen zu stärken und gemeinsam die Werkzeuge für eigenständige und selbstverantwortliche Lösungen zu finden. Ein nachweislich gesundheitsförderndes und präventives Engagement, das unter anderem von der Schwab Stiftung mit der Auszeichnung «Social Entrepreneur 2006» und 2008 mit der Aufnahme als Senior Fellow bei Ashoka gewürdigt wurde. Infoklick.ch wurde 1998 gegründet und ist mit einem Team von rund 35 Mitarbeiterinnen und Mitarbeitern im nationalen Zentrum für Kinder- und Jugendförderung in Moosseedorf zu Hause. Infoklick.ch betreibt insgesamt sieben Regionalstellen in Basel, Bellinzona, Lausanne, Luzern, Moosseedorf bei Bern, Solothurn und St. Gallen und eine Aussenstelle in München am Zentrum für angewandte Politikforschung.
www.infoklick.ch

albamig – Büro für interkulturelle Kommunikation und Kulturförderung
unterhält Integrations- und Mediationsprojekte mit jugendlichen Ausländern (peer to peer education) und berät Behörden in der interkulturellen Mediation und in der Kulturvermittlung. Schwerpunkte liegen bei der Ausbildung und dem Coaching von interkulturellen Mediatoren. Die Aufträge an albamig kommen mehrheitlich von den Gemeinden des Kantons Luzern und der Zentralschweiz sowie von Polizei, Schulwesen, öffentlicher Jugendarbeit, Sozialdiensten oder vom Vormundschaftswesen. Gewichtige Partner für den Mediatoren-Pool sind der Kanton Luzern, die SIP (Sicherheit, Intervention, Prävention) der Stadt Luzern und Aha-Mediation in Sempach.
www.secondofestival.ch/albamig/albamig.html

Die **Berufsbildner AG** schult und berät Firmen und Ämter hinsichtlich der Berufsbildung in Lehrbetrieben. Die Berufsbildner AG ist professioneller Anbieter der obligatorischen Berufsbildnerkurse. Sie bildet pro Jahr ca. 2000 Berufsbildnerinnen und Berufsbildner aus. Die Berufsbildner AG unterhält das Zentralschweizer Kompetenzzentrum für die Grund- und Weiterbildung von Berufsbildnern und Berufsbildnerinnen im Auftrag der Zentralschweizer Berufsbildungsämter-Konferenz ZBK. Weiter arbeitet die Berufsbildner AG im Auftrag des Mittelschul- und Berufsbildungsamtes des Kantons Zürich und für den Kanton Schwyz.
www.berufsbildner.ch

Caritas Zürich ist ein eigenständiges katholisches Hilfswerk und setzt sich für armutsbetroffene Familien und sozial benachteiligte Menschen ein. Diese berät, begleitet und unterstützt Caritas Zürich unabhängig von Nationalität, Religionszugehörigkeit oder Weltanschauung. Zu den Unterstützungsangeboten gehören unter anderem Sozial- und Schuldenberatung, Brückenangebote nach dem Schulabgang und weitere Angebote zur sozialen und kulturellen Integration.
www.caritas-zuerich.ch

Das Angebot der Non-Profit-Organisation **IMPULSIS** richtet sich an Jugendliche aus dem Kanton Zürich, die keinen Zugang zu einer Erstausbildung finden und daher neben den Angeboten von Schule, Berufsberatung oder Regionalem Arbeitsvermittlungszentrum (RAV) intensivere Unterstützung bei ihrem Berufseinstieg benötigen. IMPULSIS erarbeitet mit den Jugendlichen nicht nur eine geeignete Einstiegslösung, sondern unterstützt und begleitet sie beim Übertritt von der Schule in die Arbeitswelt. So erhalten Schüler/innen in Abschlussklassen und Jugendliche, die nach dem Schulabschluss keine Lehrstelle finden oder ihre Lehre abgebrochen haben, die Mög-

lichkeit, durch die Begleitung und Unterstützung von IMPULSIS eine massgeschneiderte Anschlusslösung zu finden.
www.impulsis.ch

Das **Amt für soziale Sicherheit, Fachstelle Integration des Kantons Solothurn** setzt sich ein für eine Integration, die zur Partizipation an allen gesellschaftlichen und kulturellen Strukturen unserer Gesellschaft führt. Nach dem Prinzip «Fördern und Fordern» werden Massnahmen und Projekte initiiert und unterstützt, die die Integration von Migrantinnen und Migranten sowie den Dialog mit den Einheimischen fördern. Im Einklang mit dem Schwerpunkteprogramm des Bundes werden prioritär Deutsch-Integrationskurse (inkl. Muki-Deutsch) gefördert. Bestehen klare Integrationsdefizite, wird die Teilnahme mittels Integrationsvereinbarungen auch verpflichtend. Der Kanton Solothurn begleitet und fördert die Integrationsprozesse unter Berücksichtigung der aktuellen gesellschaftlichen Entwicklung. Er wirkt darauf hin, dass die Integration bedarfsorientiert, wirkungsvoll und ökonomisch geschieht. Dabei wird der Information von Neuzugewanderten wie auch der Sensibilisierung der Gesamtbevölkerung ein hoher Stellenwert beigemessen. Jährliche Willkommensveranstaltungen in zehn verschiedenen Sprachen sind fester Bestandteil der Integrationsarbeit.
www.so.ch/departemente/inneres/soziale-sicherheit.html

Das **Schweizerische Forum für Migrations- und Bevölkerungsstudien SFM** ist ein in Forschung und Lehre tätiges Institut der Universität Neuenburg. Es beteiligt sich am Masterstudiengang der Geistes- und Sozialwissenschaften und bietet den für die Schweiz einzigartigen Lehrgang «Migration und Staatsbürgerschaft» an. Das SFM wurde 1995 im Rahmen der Lancierung des nationalen Forschungsprogramms zu Migration und interkulturellen Beziehungen gegründet. Ziel des SFM war und ist es, einen Beitrag zur pragmatischen Diskussion migrationsrelevanter Themen zu leisten. Seither hat das SFM über 200 Studien durchgeführt, die entweder vom Schweizerischen Nationalfonds SNF oder von unterschiedlichen Organisationen in Auftrag gegeben wurden (Behörden des Bundes, der Kantone und Gemeinden sowie private Trägerschaften). Das SFM ist an internationalen Forschungsprojekten beteiligt und nimmt als Schweizer Partner an verschiedenen europäischen Forschungsnetzwerken teil. Es ist seit 2004 der Schweizer Ansprechpartner im von der EU finanzierten Exzellenznetzwerk IMISCOE (www.imiscoe.org), das mehr als zwanzig europäische und in Migrationsfragen tätige Forschungsinstitute ersten Ranges vereinigt.
www.migration-population.ch

Das **Sozialdepartement der Stadt Zürich** bietet der Bevölkerung der Stadt eine Palette an Dienstleistungen und Programmen zur Sicherstellung der beruflichen und sozialen Integration. Seine Angebote umfassen u.a. die Bereiche Beratung, Beschäftigung, Unterstützung von MigrantInnen und Soziokultur. Das Sozialdepartement arbeitet zusammen mit rund 230 privaten Trägerschaften und will dazu beitragen, das erforderliche soziale Angebot in der Stadt Zürich sicherzustellen.
www.stadt-zuerich.ch/sd

Die **SRG SSR idée suisse** umfasst sechs regionale Unternehmenseinheiten und fünf Tochtergesellschaften. Mit rund 6100 Beschäftigten oder 5000 Vollzeitstellen, einem Jahresumsatz von rund 1,6 Mrd. Franken, achtzehn Radio- und acht Fernsehprogrammen sowie ergänzenden Websites und Teletextdiensten ist die SRG SSR das grösste Unternehmen für elektronische Medien in der Schweiz.
www.srg-ssr.ch

Projektmitarbeiter und Autoren

Prof. Dr. Gianni D'Amato

Professor für Migration und Staatsbürgerschaft an der Universität Neuchâtel
(Schweiz) und Direktor des Schweizerischen
Forums für Migrations- und Bevölkerungsstudien. Seine Forschungsinteressen konzentrieren sich auf Fragen der Integration, des
Transnationalismus und des Rechtspopulismus. Er ist der Autor von *Vom Ausländer
zum Bürger. Der Streit um die politische Integration von Einwanderern in Deutschland,
Frankreich und der Schweiz* (Lit Verlag.
3. Auflage, 2005) und Mitherausgeber von
*Herausforderung Stadt. Städtische Migrati-
onspolitik in der Schweiz und in Europa*
(Seismo Verlag, 2005). Seine letzte Mono-
graphie trägt den Titel *Mit dem Fremden po-
litisieren. Rechtspopulismus und Migrations-
politik in der Schweiz seit den 1960er Jahren*
(Zürich, Chronos Verlag, 2008). Zur Frage
der Staatsbürgerschaft sind folgende Beiträge erschienen: *Swiss Citizenship: A Munici-
pal Approach to Participation*, in: Jennifer
H. Hochschild and John Mollenkopf (Hrsg.):
*Bringing Outsiders In. Transatlantic Perspec-
tives on Immigrant Political Participation*
(Ithaca, Cornell University Press, 2009) und
*Switzerland: A Multicultural Country Without
Multicultural Policies?*, in: Steven Vertovec
and Susanne Wessendorf (Hrsg.): *The Multi-
culturalism Backlash. European Discourses,
Policies and Practices* (London, Routledge,
2010).

Prof. Dr. Jörg Huber

Professor für Kulturtheorie an der Zürcher
Hochschule der Künste, Gründer und Leiter
des Instituts für Theorie; 1990–2005 verant-
wortlicher Leiter der Vortrags- und Seminar-
reihe «Interventionen», Herausgeber des
gleichnamigen Jahrbuchs, Leiter zahlreicher
Forschungsprojekte, Mitglied des Leitungs-
teams des MFA im Departement Kunst & Medien. Arbeitsschwerpunkte: Theorie des Ästhetischen, Kulturtheorie, Bildtheorie.
Forschungen im Bereich performativer Verfahren der Theorie, der Rationalitätskritik
sowie der Ästhetik der Kritik.

Dr. Gabriela Muri

Studium der Architektur an der ETH Zürich
sowie der Kulturwissenschaften und Geschichte der Neuzeit an der Universität Zürich. 2003–2006 Leitung eines National-
fondsprojektes zum Thema «Aneignung von
öffentlichen Räumen durch Jugendliche in
Zürich Nord» im Rahmen des NFP 52. Gabriela Muri ist Dozentin am Institut für Populäre Kulturen der Universität Zürich sowie an
der Dozentur Soziologie am Departement
Architektur der ETH Zürich. Zu ihren For-
schungsschwerpunkten gehören Jugendkulturen, Stadtforschung, raum- und zeittheo-
retische Fragestellungen (Habilitations-
vorhaben). Referate und Tätigkeit als Expertin zum Thema Jugend und öffentlicher
Raum in den Bereichen Jugendarbeit und
Stadt-/Ortsplanung.

Anne Morgenstern

Geboren in Leipzig, lebt und arbeitet in
Zürich. Ausbildung an der Staatlichen Fach-
akademie für Photodesign in München,
anschliessend Diplom der Hochschule für
Gestaltung und Kunst Zürich. Freie Photographin und Künstlerin.
www.annemorgenstern.com

Patricia Pazin

Studium der Visuellen Gestaltung an der
HGK Zürich, ab 2006 Anstellung als Grafik-
designer mit den Schwerpunkten: Corporate
Design, Corporate Publishing und Editorial
Design.

Prof. Dr. Anna Maria Riedi
Studium der Pädagogik und Psychologie an der Universität Zürich, Promotion 1995. Sie war Mitbegründerin des European Women's College Zürich, Assistentin am Pädagogischen Institut der Universität Zürich und selbständige Sozialwissenschaftlerin. 1995–2007 war sie Mitglied des Zürcher Kantonsrats. Seit 2001 ist sie Professorin an der ZHAW, Departement Soziale Arbeit mit Schwerpunkt Forschung und Entwicklung sowie Modulverantwortung im konsekutiven Masterstudiengang. Sie arbeitet aktuell zu Child and Youth Care, Migration, Social Problems.

Christian Ritter (Projektleitung)
Studium der Theorie der Kunst und Gestaltung an der Zürcher Hochschule der Künste ZHdK. 2006–2007 wissenschaftlicher Mitarbeiter im DORE-Forschungsprojekt «Brands&Branding – Topologien zeitgenössischer Markenkultur» am Institut für Theorie der ZHdK. Konzeption und seit 2008 Leitung des KTI-Forschungsprojekts «Migration Design – Codes, Identitäten, Integrationen». Seit 2007 Assistent in der Vertiefung Theorie im Departement Kunst & Medien an der Zürcher Hochschule der Künste ZHdK. Seit 2010 Promotionsstudium an der Kunsthochschule für Medien KHM in Köln. Aktuelle Arbeiten zur Thematik von Branding, Visualität und (jugend)kultureller Identität im transkulturellen Raum sowie zu visuellen Ausdruckssprachen im Internet und in den Alltagskulturen.

Basil Rogger
Studium der Philosophie, Psychologie und Pädagogik an den Universitäten von Bern und Zürich (lic. phil. I). 1991–2000 tätig in Forschungsprojekten des Schweizerischen Nationalfonds zur Förderung der Wissenschaftlichen Forschung. 1998–2000 Mitglied des Research Department des Gottlieb Duttweiler Instituts für Wirtschaft und Gesellschaft. Seit 2000 selbständig als Berater, Forscher, Herausgeber, Texter und Ausstellungsmacher an der Schnittstelle von Kultur und Wirtschaft. Seit 2003 Dozent an der Zürcher Hochschule der Künste ZHdK in den Departmenten Design sowie Kulturanalysen und Vermittlung. 2006–2009 Redaktionsleiter, seit 2009 Produktionsleiter bei Lucerne Festival.

IMPRESSUM

Magische Ambivalenz. Visualität und Identität im transkulturellen Raum
Herausgegeben von Christian Ritter, Gabriela Muri und Basil Rogger
Zürcher Hochschule der Künste, Institut für Theorie (ith), Zürich, Prof. Dr. Jörg Huber

Mit Beiträgen von Gianni D'Amato, Jörg Huber, Anne Morgenstern, Gabriela Muri,
Patricia Pazin, Anna Maria Riedi, Christian Ritter und Basil Rogger

Leitung Forschungsprojekt: Christian Ritter
Projektleitung Publikation: Basil Rogger
Grafik Design: Patricia Pazin
Korrektorat: Basil Rogger
Lektorat: Editionsbureau Kurt Werder, Windisch
Druck und Ausrüstung: Pustet, Regensburg
Papier: Munken Polar
Schriften: National

Die Materialien für diese Publikation wurden im Rahmen des Forschungsprojekts «Migration
Design – Codes, Identitäten, Integrationen» (2008 bis 2010) am Institut für Theorie (ith)
erarbeitet. Das Forschungsprojekt wurde unterstützt von der Förderagentur für Innovation KTI
des Bundes, der Jacobs Foundation und dem Lotteriefonds Kanton Solothurn. Das Institut
für Theorie (ith, Leitung: Prof. Dr. Jörg Huber) ist Teil des Departements Kunst & Medien (DKM,
Leitung: Prof. Giaco Schiesser) der Zürcher Hochschule der Künste (ZHdK, Zürcher Fachhochschule, Rektor: Prof. Dr. Thomas D. Meier).

ISBN 978-3-03734-139-1

Verlag und Vertrieb:
diaphanes | Hardstrasse 69, CH-8004 Zürich | Dresdener Strasse 118, D-10999 Berlin
www.diaphanes.net | info@diaphanes.net